新型城镇化进程中
中国农村体育发展研究

秦文光◎著

湘潭大学出版社
XIANGTAN UNIVERSITY PRESS

图书在版编目（CIP）数据

新型城镇化进程中中国农村体育发展研究 / 秦文光著. -- 湘潭 : 湘潭大学出版社, 2025. 3. -- ISBN 978-7-5687-1661-1
Ⅰ. G812.42
中国国家版本馆 CIP 数据核字第 2024K5C209 号

新型城镇化进程中中国农村体育发展研究

XINXING CHENGZHENHUA JINCHENG ZHONG ZHONGGUO NONGCUN TIYU FAZHAN YANJIU

秦文光 著

策划编辑：丁立松
责任编辑：丁立松
封面设计：熊猫读书
出版发行：湘潭大学出版社
社　　址：湖南省湘潭大学工程训练大楼
电　　话：0731-58298960 0731-58298966（传真）
邮　　编：411105
网　　址：http://press.xtu.edu.cn/
印　　刷：长沙创峰印务有限公司
经　　销：湖南省新华书店
开　　本：787 mm×1092 mm 1/16
印　　张：7.75
字　　数：160 千字
版　　次：2025 年 3 月第 1 版
印　　次：2025 年 3 月第 1 次印刷
书　　号：ISBN 978-7-5687-1661-1
定　　价：76.00 元

前言

中国的新型城镇化是伴随着工业化、信息化与农业现代化同步推进的，具有特殊的制度特征。体制转轨、结构转化、供给侧改革构成了现阶段中国经济发展的基本格局。中国新型城镇化的特殊性在于由制度约束、资本约束、权能约束、结构约束等一系列约束导致的城乡分割，阻碍了新型城镇化的全面协调进展，破解多重约束是中国城乡一体化的关键所在。

新型城镇化是中国农村社会发展的必然结果。体育作为人们提高生活质量、追求自身完美的一种有效途径，在新型城镇化进程中具有重要的意义。新型城镇化将给农村体育的发展带来良好的契机，但传统落后的体育观以及体育资源严重缺乏等一系列问题将影响农村体育的协调发展。为使农村体育能在新型城镇化进程中健康、快速地发展，本书提出了一些发展思路。

本书安排了六个章节，第一章讨论了中国农村体育与新型城镇化进程的关系，主要内容有新型城镇化建设与农村体育发展的相互影响、农村体育在新型城镇化建设进程中的角色与地位以及通过发展农村体育实现新型城镇化的路径和方法；第二章研究了中国农村体育事业的演进历程与发展走向，主要内容有中国农村体育事业的演进历程、中国农村体育发展现状与存在问题的分析和新型城镇化背景下农村体育的未来发展特征、形态与走向。第三章研究了中国农村体育教育发展，主要内容有体育教育赋能农村体育发展的积极意义、农村体育教育发展的主要问题以及新型城镇化进程下中国农村体育教育的发展建议；第四章讨论了中国农村体育服务发展，主要讨论了新型城镇化进程中中国农村体育项目的生存境况和构建中国农村公共体育服务发展模式；第五章主要探究了农村体育管理及相关体制，分析了现有农村体育管理模式、新型城镇化进程中农村基层体育组织管理体系建设以及中国农村基层体育管理体制与运行机制的构想；第六章研究了中国农村体育发展模式与对策，通过分析国外社区体育发展模式及对我国农村体育的启示，提出了新型城镇化进程中中国农村体育发展模式与发展对策。

总体来看，本书内容丰富、结构完整，对农村体育的基本理论问题进行了深入的剖析，对农村体育的组织管理问题进行了细致的梳理和分析，对农村体育实践的开展方式、方法做了全方位的探索，体现了理论与实践的高度统一，对农村体育工作者具有重要的理论启示意义和现实借鉴价值。

本书在撰写的过程中，参考和借鉴了大量关于社会体育的书籍及资料，在此向有关专家及学者致以诚恳的谢意！当然，由于时间仓促和精力有限，本书难免存在不足之处，恳请广大读者批评指正。

编者

目录

第一章

中国农村体育与新型城镇化进程的关系

随着新型城镇化进程的推进，中国新型农村城镇化建设也在不断快速发展，农村体育作为其中的一个重要组成部分，它丰富了农民的业余生活，促进了其身心健康发展，还可以促进和谐农村的形成，从而促进和谐社会的发展。本章将重点探讨新型城镇化建设与农村体育发展的相互影响，以及农村体育在新型城镇化建设进程中的角色和地位，并进一步研究农村体育与和谐社会发展的关系。

第一节 新型城镇化建设与农村体育发展的相互影响

一、新型城镇化建设与农村体育概述

在新型城镇化建设的进程中，农村作为参与的主体部分，是非常重要的。为了加快农村的新型城镇化建设进程，我国提出了新型城镇化建设的战略，为农村的新型城镇化发展指明了发展的方向和道路。正是本着“城乡统筹、城乡一体”的顶层设计理念，实现“大中小城市、小城镇、新型农村社区”协调发展，新型城镇化战略才应运而生。随着我国农村城镇化进程的加快，“小城镇和新农村社区”的出现改变了农村“行政村和自然村落”的原有社会结构；农业现代化与机械化时代的到来，引领农村经济的快速发展与农民生活水平的不断提高。

在新型城镇化进程中，发展农村体育事业，不仅是提高农村基本公共体育服务水平的现实需要，还是体现社会公平正义、让改革红利惠及农村广大民众的根本需要。党的十九大报告指出，要加快推进基本公共服务均等化，并提出实现基本公共服务均等化是社会主义现代化建设的目标之一。因此，农村体育事业作为基本公共体育服务的重要内容，是新型城镇化建设的重要内容。

二、新型城镇化建设对农村体育发展的影响

新型城镇化战略的不断实施，给农村体育的发展带来了一定的机遇和影响。城镇化

建设改善了农村体育基础设施，增加了农村体育在人力、经费方面的投入。城镇化的不断推进，引导农村生活方式向现代化变迁，使得体育多元化的社会功能开始在农村凸显，农村体育组织网络开始形成并逐渐完善，使之走向正规化。体育活动已不再是城市人民的专利，农民也开始参加各种各样的体育健身活动，他们通过观赏体育、参与体育，向健康化的生活方式迈进。具体来说，主要包括以下几个方面：

（一）促进农村体育人口增长

在新型城镇化的建设中，国家出台了一系列政策和措施来促进农村的城镇化进程，如一些城市出台了“筑巢引凤”工程，一些轻工业与服务业企业选择在小城镇落户，一些有才之士也开始返乡创业，解决了当地农民的就业问题，从而使一些长期在外打工的人员得以在家乡附近找到工作，农村劳动力开始回流。随着全民健身国家战略的提出，农村健身氛围愈发浓厚，农村参加体育健身的人越来越多，从而使得农村的体育人口也越来越多。

（二）促进农村体育场地设施完善

根据第六次全国体育场地普查的结果表明，我国农村体育场地设施的面积相对城市体育场地面积来说，仍十分狭小。在城镇化建设的发展过程中，农村基础设施建设得到了一定的财政支持，同样也会给农村体育场地设施的完善带来财政投入，在资金投入的支持下，各级政府部门肯定会加大对农村体育场地设施的建设力度，为农民参加体育活动提供有利的场地条件，从而促进农村体育的发展。

（三）促进农村体育现代化和时尚化发展

在农村新型城镇化发展的历史进程中，城市中的一些先进技术、理念、文化等也逐渐在农村发展起来，体育作为文化中的一个重要组成部分，也会传播到农村地区，例如城市中流行的一些现代体育项目也逐渐在农村发展起来，轮滑、广场舞、篮球比赛等在我国一些农村地区广受欢迎。而城市中的一些时尚体育项目，如瑜伽、户外运动、攀岩、漂流等，通过电视和网络等途径传播之后，在农村也发展起来，使得农民在选择体育项目时，其积极性、主动性更高。

（四）促进农村体育休闲化和产业化发展

我国城镇化建设的发展带动了农村地区交通、基础设施的发展和完善。农村地区具有丰富的自然资源和旅游资源，为开展休闲体育活动提供了有利的条件。农村休闲体育所包含的内容有乡村游系列休闲体育、休闲户外运动系列、农村休闲体育旅游等，可以开展漂流、滑雪、攀岩、登山、骑行、跑步等户外运动。例如，在我国北方地区冰雪天气下，狗拉爬犁运动是当地乡村的热门旅游活动，深受喜好冰雪运动的青少年追捧，可以借助冰雪文化节的平台，挖掘狗拉爬犁的趣味性与休闲特色，推动冬季乡村狗拉爬犁休闲体育的可持续发展。再如，我国西部拥有沙漠资源的乡镇可以借助天然沙场开展滑沙运动来吸引城市居民及外来游客参与其中，陕西省大荔国家沙漠公园景区坐落在大荔县苏村镇境内，该公园的功能定位以沙漠体育运动为主题，计划建设沙漠定向越野、机动车沙地运动、沙地马术、沙漠体验区、沙漠宿营、拓展基地、沙漠狩猎场、沙疗、沙浴、滑沙、沙画等沙漠运动体验区，融体育运动、湖泊、农家风光田园为一体，是体育运动、生态休闲和摄影创作的户外拓展基地。

近年来，体育产业在我国发展迅速，随着城镇化的加快，农村体育也呈现出产业化发展的趋势，农村体育的产业化发展主要是要结合乡村特色、旅游文化和体育于一体，开发和策划出相应的农村体育赛事。短短几年，马拉松运动在我国迅猛发展，相继出现了很多乡村马拉松，如浙江金东乡村绿道马拉松赛，途经两个乡镇、12个村庄，将当地丰富的自然景观与人文景观结合，融合田园美景、山野村色、溪流森林等生态景观，将美丽乡村建设示范村、蒲塘历史文化村落、房车露营基地、琐园古建筑群等人文景观串联成线，绿道沿线还安排了攀岩活动场地、烧烤点、茶座、游船码头、旅游、体育产业与服务业融合发展的新成就。再如陕西省大荔县，每年举办的“丝绸之路·美丽大荔”渭南国际马拉松赛，其定位为美丽乡村赛道、特色水果补给、历史文化添彩的马拉松赛事。赛道途经同州湖景区、朝邑古镇、丰图义仓、朝邑湖、美丽乡村畅家村、农业公园平罗村、百果之王冬枣栽植区等，串联起多个大荔人文历史古迹及自然景观景点，让运动员在纵情奔跑的同时，纵览大荔千年历史文化变迁，品味瓜果之乡的多样甜蜜，体验美丽大荔的乡村风情，极大地带动了大荔县的经济增长和产业发展，促进了当地农村体育的发展。

三、农村体育发展对新型城镇化建设的影响

我国农村的城镇化发展需要很多方面都能紧跟城市的发展脉络，体育作为城市文化中的重要组成部分，自然也应该成为农村城镇化发展过程中的一个重要支撑。农村体育的发展具有提高农民的幸福感、促进城镇化发展的有利效果。农村体育发展对新型城镇化建设的影响主要表现在以下几个方面：

（一）促进产业转型，提高城镇化率

新型城镇化不仅仅是城镇人口数量和城区面积的增加，更是促进农村产业结构的调整和发展，促进农村剩余劳动力的市民化发展，通过积极发展农村体育产业，可以促进农村的产业结构从第一产业向第二、第三产业转变，促进更多农民生产方式的转变，提高他们的综合素质，不断促进他们的市民化发展，从而提高他们的城镇化率。

（二）促进农民的身心健康，为新型城镇化建设提供良好的人力支撑

农村体育的发展，可以完善农村的体育基础设施，建立更多的农民基层体育组织，

从而使更多的人参与体育活动。通过参与体育活动，可以促进农民的身心健康，为农村的城镇化发展提供人力支撑。人民是城镇化发展的根本，城镇化的发展也是为了提高人民的生活质量，而通过发展农村体育，可以不断提高人民的身心健康水平，为城镇化发展不断增添助力。

（三）带动相关产业发展，提高城镇化质量

农村体育产业在发展过程中，会带动相关产业的发展，这是因为体育产业作为一项联动性很强的产业，包括体育用品制造业、体育场馆建筑业、体育服务业等，可以带动相关产业的发展，通过这些产业的发展和完善，可以提高城镇化发展的质量。农村体育产业与新型城镇化建设的关系，可以通过图 1–1 进行更直观的理解。

总之，农村体育发展和新型城镇化建设之间是相辅相成的，两者相互促进，共同发展。

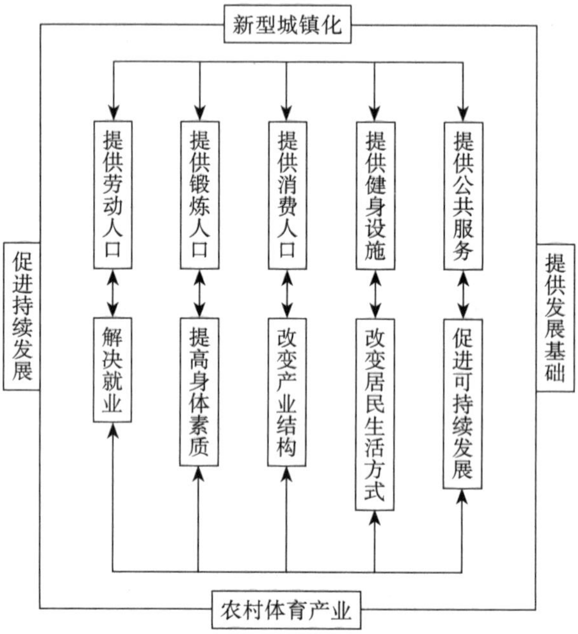

图 1–1　农村体育产业与新型城镇化的关系

第二节　农村体育在新型城镇化建设进程中的角色与地位

一、农村体育在新型城镇化建设进程中的角色

（一）增强农民的体质，丰富农民的精神文化生活

体育的首要目的就是促进人民的身心健康，在农村城镇化建设过程中，要通过文体

宣传逐渐改变城镇居民对体育功能的认识，强调体育锻炼及全民健身在居民生活中的重要性。改变生产劳动就是身体锻炼，没有必要再进行专门性体育活动的传统思想的束缚。农村城镇化建设不仅仅是农村社会与农村经济领域的变化，还是农业生产领域的变革，更是农民生活与休闲方式的改变，这种改变是物质文化与精神文化领域的生活与休闲的改变。农村城镇全民健身活动的开展及各类别体育项目的推广，不仅能够丰富农民相对单调的闲暇生活，还能激发农村城镇化建设的整体氛围，推动农村基层群众体育事业健康、蓬勃发展。

党的十九大提出了全面建成小康社会的目标，全面小康社会的实现，重点与难点都在农村，推动农村城镇化建设是实现小康社会的关键环节，城镇化进程中农村居民文化体育生活的丰富与活跃在提高居民的身心健康，提高其精神文化生活方面担负着重要的角色。

（二）促进农民形成健康的生活方式

在农村城镇化进程中，农村社会面貌的变化与经济建设的速度远远快于农民精神文化建设及其生活理念与生活方式变化的速度。然而，农村社会面貌的变化与经济水平的提升虽然是衡量农村城镇化建设的重要指标，但是，不是指标体系中的关键与唯一的指标，城镇化后农民物质文化生活与精神文化生活的和谐发展、身心愉悦及城镇居住满意度的提升才是农村城镇化建设的重要成果体现和关键衡量指标。

健身休闲与全民健身生活方式的养成在转变农村城镇化进程中城镇居民的生活观念与生活理念方面扮演着重要的角色。这种转变是从传统的“日出而作，日落而息”到参与各种形式多样的文体活动，融入全民健身的大环境与氛围中，从而丰富农民自身的物质文化与精神文化生活。参与体育活动，并融入全民健身的大家庭中来，不仅仅是农村城镇化后居民的一种锻炼身心的方式，更是他们融入城镇生活而发生的一种生活理念转变的真实体现，促进他们形成积极、健康的生活方式。

二、农村体育在新型城镇化建设进程中的地位

（一）促进城乡体育一体化的实现

新型城镇化建设包括农村范围内的小城镇与新型农村社区的建设规划。农村城镇化的最终目的是加快农村地区的集约化发展，促进我国农村原始村落与行政村的聚集，形成小城镇与新型农村社区的社会结构类型，使得广大的农村地区逐渐与城市融合，协调发展。小城镇成为农村与城市的接轨点，新型农村社区成为城镇化外延的重要农村区域，最终形成城乡统筹、城乡结合、城乡一体的发展趋势。在城乡一体化发展历程中，文化认同的差异与价值观念的不同往往成为分割城乡居民文化体育参与的一道鸿沟。城市居民参与现代体育运动项目，农民对城市现代体育项目（篮球、乒乓球、羽毛球等）

传入农村具有一定的抵触与排斥心理，出现了现代体育项目及现代化体育设施在农村没能达到预期运行效果的情况。体育文化作为一种无界限的文化活动，理应担负起繁荣农村体育文化，促进城乡文化体育事业交融发展的重要角色。城镇居民体育参与的文化理念应该辐射到农村，促进现代体育项目与传统体育项目相结合，形成城乡体育文化一体化发展的战略举措，将城市现代体育文化参与理念有效植入到农村城镇，使城镇居民在潜移默化中得到认同与接受，而农村传统体育特色文化活动及非物质文化遗产的保护又会给城市的文体活动增添新的元素和动力。两者的交融发展，相互交流会形成城乡一体既具有现代特色又有着浓郁地方特色的体育文化。比如，在我国少数民族居住地区，随着城乡一体化建设，农村城镇化进程的加快，为民族传统体育文化的传播提供契机；在小城镇及新型农村社区，现代优势体育项目随着传统体育项目的推动，也将逐步扩大到广大农村地区。

（二）促进农民的社会化，提升综合素质，促进市民化的形成

通过广泛地开展农村体育，可以增加农村城镇化进程中农业转移人口的社会接触，促进农业转移人口的社会化发展。农业转移人口在参与体育活动的过程中，必然会形成人际间的交流，在公平竞争的休闲体育竞赛或气氛融洽的娱乐活动中，人们互相合作、平等交流、互相容纳和接受对方，形成协调的人际关系，进而影响到人口聚集后城镇居民的思想和行动，促其了解城镇化的农村社会，使其融于其中。

（三）缓解农村医疗压力，促进农民健康人生的形成

长期以来，我国农村医疗具有一定的压力，医疗保障体系不够完善。近几年，虽然我国农民的生活水平在不断提高，但是我国农民的身体健康状况却不容乐观。通过参与体育锻炼是促进身心健康的重要手段，农民经常参加体育锻炼，可以促进自己的身心健康，提高自身免疫力，减少生病的概率，从而在一定程度上减少因生病而产生的额外医疗卫生支出。

目前，我国正在实施全民健身国家战略，发展农村体育既能够满足农村城镇化进程中农民健身的体育需求，又能够提高农民的体质健康水平，为农民的健康人生打下坚实的身体基础，促进农民健康人生的形成。

（四）提高农民的生活满意度和幸福指数

在发展农村体育的过程中，首先要给各个农村配套一批全民健身路径和体育设施器材，这些配套的健身设施，既可以方便人们参与体育健身活动，也可以极大地提高人们生活的满意度，这是因为随着农民生活水平的不断提高，人们对精神文化生活的追求也越来越高，很多人希望在闲余时间里做一些有意义的事。在传统的农村业余生活中，农民总是在闲暇时间里参与打麻将、打扑克等活动，与这些活动相比，利用闲暇时间从事体育健身活动，参加丰富多彩的体育项目，既可以锻炼农民的身体，又可以陶冶农民的

情操，促进其形成健康的生活方式，健康的生活方式可以提高农民对现有生活的满意度。农民通过在体育组织中参加体育锻炼，丰富了兴趣爱好，找到了集体归属感，在参加体育活动的过程中，不断磨炼自己，突破自己，并取得一定的成就，从而提高了自身的幸福指数。

（五）农村体育的产业化发展促进农村经济的增长和产业升级

农村休闲体育的产业化发展能调整农村产业结构，增长经济，增加就业机会，农村休闲体育具有劳动密集性高、关联互动性强、就业门槛较低、就业方式灵活等特点。农村体育的休闲化与产业化发展，不仅可以解决当地剩余劳动力就业问题，增加农民收入，还有利于农村产业结构的调整，增加农村第二与第三产业的比重，加快农村城镇化进程，促进农村传统文化习俗的传承，开发与开放农村地区的社会生态环境，实现农村经济、文化、体育与社会可持续发展、健康发展、和谐发展的战略目标。因此，农村体育的产业化发展可以促进农村经济的增长和产业升级。

三、农村体育在新型城镇化建设中的发展对策

农村体育在新型城镇化建设中具有很重要的地位和作用，可采取以下发展对策：

（一）更新农村体育的发展理念

更新发展理念是快速发展的前提，应该采取与时俱进的发展理念，用全局、长远和战略的眼光来认识和发展农民体育事业，树立以人为本、协调、系统、全面的科学发展观。将农村体育与文化、教育、卫生等农村工作协调起来，互为联系，共同发展。

树立“以人为本”的发展理念，从农民的切身利益出发，以提高农民身体素质和生活质量为宗旨，保障农民参与体育的权益，在农村开展体育健身知识科普讲座，指导农民科学健身。

倡导融合、全面的农村体育发展观，将农村体育与家庭体育、企业体育等紧密结合起来，将学生作为农村体育发展的基础，从而带动家长和其他人群的体育参与，充分利用学校体育资源和优势，将体育教师聘为农村社区指导员，从而弥补农村体育指导员的不足。在一些发达省市的农村，有很多乡镇企业，这些企业里拥有比较好的体育设施条件和相对充裕的经济条件，可以调动他们参与到农村体育发展的服务中来，通过举办体育赛事、运动会等，将两者紧密联系起来，从而促进农村体育的发展。

此外，在发展过程中，应该注意尊重农村的“乡情民俗”，注重其本土性，要因地制宜地发展各个地方的农村体育，植根于农村，对农村的一些地方特色体育项目进行挖掘和整理，从而促进农村体育的不断发展。

（二）对城乡体育进行统筹发展

目前，我国城乡二元经济的发展模式造成了城市和乡村在很多方面的分割和分离，

造成了高低不同的等级层次，体育也不例外。在新型城镇化建设的时代背景下，应该对城乡体育进行统筹发展，通过举办城乡结合的运动会，使农民和城市居民可以在同一赛场上进行拼搏，在运动会上设置一些农村民间的体育项目，加强农村居民与城市居民之间的交流，不断促进城乡体育的结合发展，从而带动农村体育的科学发展。

（三）体育与文化相结合，促进农村体育的多元化发展

一直以来，我国群众都有“文体不分家”的认识，开展农村体育活动，应该与文化活动紧密结合起来。农村具有一些民间文艺文化活动，他们主要利用农闲、节假日等，组织秧歌、拔河、灯会等活动。有一些活动，本身就是文化与体育的融合体，如端午节的赛龙舟、重阳节的登山活动等，一些少数民族地区的体育活动也是如此，如蒙古族的那达慕、侗族的抢花炮等。体育和文化是分不开的，在新型农村城镇化发展的过程中，充分利用农村文化和体育存在的天然联系，使体育在文化的背景下获得发展，使农民在娱乐中受到熏陶，促进农村体育的多元化发展。

（四）加强对农民的体育文化教育

随着我国农村经济的发展和农民生活水平的提高，农民不仅仅满足于吃饱穿暖的物质生活，也开始注重更深层次的精神文化生活。此外，农民对自己的健康也越来越重视，但长久以来很多农民认为参加劳动就是进行锻炼了，对体育的价值认识不足。因此，应该加大对体育价值和体育文化的宣传，通过多渠道方式进行体育文化的教育传播，改变农民心中“体育就是蹦蹦跳跳，不值得认真对待”的认识，通过构建教育培训体系，对农民进行文化知识和运动技能教育，培养一批农村体育骨干，成立体育活动辅导站，加强农民体育文化的教育力度，从而为农村体育发展营造良好的文化环境。

（五）加大对农村体育场地设施的建设力度

当前，随着新型城镇化建设的推进，很多农民开始聚集在城镇化的核心区域，但这些区域缺乏健全的体育场地设施，不利于农村体育的整体发展。因此，应该加大农村体育场地设施的建设力度，我国的《公共文化体育设施条例》第一章第五条规定：“各级人民政府举办的公共文化体育设施的建设、维修、管理资金，应该列入本级人民政府基本建设投资计划和财政预算。”但长期以来由于体育在我国处于弱势地位，一些县级人民政府往往会忽视对体育场地设施的财政拨款和投入，从而抑制了我国农村体育场地设施的建设。

现阶段，全民健身已经上升为国家战略，体育在人民生活中逐渐成为不可或缺的一部分，农村体育迎来了良好的发展机遇。政府应该加大对农村体育场地设施的投入，各地的县级体育部门也应该引进市场机制，通过招商引资的方式加大对农村体育场地设施的投资力度，实现多元化投资的模式。

（六）加强农村体育组织和人才建设

农村体育的发展离不开相应的组织和人才，在开展农村体育活动的过程中，通过建立一批农村体育运动协会，如广场舞协会、跳绳协会、长跑协会等，可以促进农村体育的组织化和规范化发展。此外，通过在经常参与体育活动的农民体育群体中，挑选出一些体育骨干力量进行专业培训，提升其体育技能和体育健身知识，通过这些人带动周边农民的科学运动和健身，如让他们参加社会体育指导员培训，参加体育健身知识培训等，从而带动周围农民的科学健身，促进农村体育事业的科学化发展。

第三节　发展农村体育，走向新型城镇化

一、新型城镇化的背景和意义

（一）新型城镇化背景

新型城镇化是中国经济社会发展到一定阶段的必然选择，其核心是要实现城乡一体化发展，提升农村居民的生活水平和发展机会。传统城镇化过于注重城市的快速扩张，导致了城乡差距拉大，农村地区的公共服务和基础设施滞后，资源和机会的分布不均。新型城镇化的提出，旨在解决这些不平衡问题，通过加强农村的教育、医疗、交通、文化等方面的服务建设，让农村居民享受与城市居民同等的公共服务，提高生活质量。

随着新型城镇化的推进，国家在农村基础设施建设、居民生活环境改善方面加大了投入力度，农村地区的道路、饮水、通信等基础设施逐步完善。同时，注重保护农村的生态环境，实施美丽乡村建设，减少农村环境污染和自然资源的破坏。新型城镇化不仅要提高农村的物质条件，还要丰富农村居民的精神文化生活，为乡村振兴和城乡协调发展创造有利条件。

（二）新型城镇化对农村体育发展的促进作用

新型城镇化不仅推动了农村经济、社会和文化的进步，也为农村体育发展提供了有力的支持。随着城乡一体化的深入推进，农村体育在基础设施、居民参与度、社会治理和乡村旅游等方面都得到了长足的发展，新型城镇化为农村体育注入了新的活力和资源，成为改善农民健康、提升生活品质和推动乡村振兴的重要手段。

1. 改善农村体育基础设施，提升体育活动的可及性

新型城镇化的推进极大改善了农村的基础设施建设，特别是公共体育设施的布局和投入。通过政策引导和财政支持，越来越多的农村地区得以建设篮球场、足球场、健身路径等基础体育设施，让农村居民在家门口就能享受到丰富的体育资源。这种体育基础设施的完善，不仅为农民提供了更广泛的锻炼空间，还让体育活动成为农村社区生活的

一部分。

随着设施的不断健全，农村居民可以轻松参与到各种体育活动中，例如在空闲时间进行健身、散步或参加集体运动。体育设施的提升使得体育锻炼不再局限于城市，农村居民也能够享受到健身和休闲的便利条件。这种基础设施的改善还有效缩小了城乡体育资源的差距，为农村体育的可持续发展奠定了基础。

2. 增强农村居民的健康意识和体育参与度

新型城镇化带来的社会观念转变，也对农村居民的健康意识和体育参与度起到了积极的推动作用。随着农村生活质量的提升，农民对健康生活的追求逐渐增强，体育活动开始被视为一种重要的生活方式。尤其是在新型城镇化的引导下，政府和社会组织通过健康宣传、公益活动等形式，提升了农村居民的体育意识和健康素养，使他们对运动的意义有了更深刻的理解。

在这种背景下，农村居民的体育参与度显著提升。越来越多的村民积极参加村级体育活动，如篮球赛、广场舞、晨跑等，甚至自发组织家庭或邻里之间的小型运动赛事。这种高参与度不仅让农民获得了健康的体魄，还增进了村民间的互动，增强了农村社区的凝聚力。通过新型城镇化对体育意识的引导，农村体育逐渐成为村民日常生活中不可或缺的一部分。

综上所述，新型城镇化对农村体育的发展起到了全方位的促进作用。通过改善体育基础设施、增强健康意识、推动社会治理、带动经济发展和促进文化传承，农村体育在新型城镇化的背景下实现了更高质量的发展。农村体育不仅成为农民追求健康生活的方式，更是推动农村经济、社会和文化全面进步的载体，为乡村振兴和城乡一体化发展注入了持久的动力。

二、农村体育与新型城镇化的关系

（一）农村体育对推动新型城镇化的直接作用

在新型城镇化过程中，农村体育的作用不可忽视。农村体育的开展不仅直接增加了农村地区的公共服务供给，满足了农民日益增长的健康和生活质量需求，同时在多个方面支持新型城镇化的推进。

1. 增加公共服务

在新型城镇化的框架下，提升农村公共服务的水平、改善农村居民的生活环境，是推进城乡一体化的重要内容。农村体育设施作为公共服务的一部分，能够满足农民对健康生活的需求，是增强农村社区活力的有效途径。通过建设篮球场、健身路径、运动场地等体育设施，不仅为农民提供了锻炼和娱乐的空间，还带动了农村公共服务体系的进一步完善。

体育设施的增设使得农民可以在家门口就享受到高质量的体育资源，让休闲和锻炼成为日常生活的一部分。在以往的农村生活中，体育设施缺乏，公共服务局限在一些基础的生活保障方面，农民的精神文化生活相对单调。而新型城镇化建设中对农村体育设施的完善，让农民拥有更多选择，比如在工作之余进行篮球比赛、在晨间散步或者健身路径锻炼等。这不仅丰富了农村的公共服务内容，还显著提升了农村的生活品质，让农村的公共服务水平逐步向城市靠拢，缩小了城乡在生活设施上的差距，从而使农村居民也能够享受到现代化的生活条件和优质的公共服务。

2. 提升健康水平

体育活动是提高身体素质和预防疾病的重要手段，通过增强体质，农民能够更好地应对繁重的劳动和生活压力。随着农村体育设施的逐步完善，农民能够更方便地进行日常锻炼，通过篮球、羽毛球、广场舞等多样化的体育活动，农民可以在健康生活中体会到运动的乐趣。特别是随着年龄增长，农民更容易受到慢性病的困扰，而体育锻炼有助于降低高血压、糖尿病、心血管疾病等慢性病的发生率，减少医疗支出，提升整体健康水平。

健康水平的提升不仅影响到农民的个人生活质量，也直接关系到农村社区的经济发展。健康的劳动力是农村生产力的重要组成部分，良好的身体素质能够有效提高劳动效率，减少病假和生产损失，为农村经济的稳定发展奠定基础。通过普及体育活动和健康知识的推广，农村居民逐渐树立起健康观念，养成科学合理的生活方式，使得健康意识成为农村社区的“软实力”。因此，农村体育在提升健康素养的同时，还为新型城镇化建设提供了健康、稳定的人力资源支持。

3. 增强社会凝聚力

体育活动的集体性和互动性为村民之间的交流和联系提供了一个重要的桥梁。在农村社区中，组织体育活动和赛事能够有效增进村民之间的互动和沟通，尤其是通过如篮球赛、拔河比赛、长跑等集体活动，村民在共同参与中逐渐建立起相互的信任和依赖。这种集体活动不仅带来了身体上的锻炼，还在无形中促进了邻里间的和谐，让彼此间的关系更加紧密。

传统农村生活中，因日常交流不足或家庭间的封闭，村民之间的联系较为松散。体育活动恰恰能够打破这一相对封闭的社交圈，让村民在体育活动中找到情感上的共鸣，形成深厚的邻里关系。比如在篮球赛中，村民们共同努力争取胜利，在拔河比赛中，村民们协作抗衡，集体荣誉感和自豪感油然而生。这种体育活动带来的团结氛围，不仅增进了村民之间的感情，还使社区的凝聚力逐步增强。村民的共同参与让整个社区变得更具活力，形成了和谐、友善的社区环境，为建设和谐的农村社区创造了积极的条件。

通过体育活动构建的这种团结氛围，让村民更愿意互相帮助，共同努力发展家乡，同时也增强了对家乡的归属感和认同感。这种社会凝聚力为农村社区的治理提供了良好的基础，使村民在参与社区活动和自治管理中更加积极，促进了乡村治理的有效性和社区的长远和谐发展。

（二）通过农村体育促进乡村生活方式转变、提升农村生活品质

农村体育不仅在基础设施和公共服务方面助力新型城镇化建设，还通过改变农村居民的生活方式，极大提升了农村居民的生活品质。体育活动带来的变化不仅是身体上的，更渗透到农民的健康观念、文化娱乐需求和生活态度等多方面，使农村生活更加健康、丰富和多彩。

1. 促进生活方式转变

随着农村体育活动的普及，越来越多的农民参与到运动和健身中来，体育锻炼逐渐成为农村居民日常生活的一部分。这种生活方式的转变不仅是身体上的改善，更是心理和态度上的转变。通过积极参与锻炼，农民的健康意识显著提升，逐渐形成了积极、健康的生活态度。过去，农民的生活大多围绕工作展开，体育活动的引入让他们的生活方式更加多元化，为他们提供了健康管理的新途径，也逐步摒弃了单一的工作生活模式。

日常锻炼不仅帮助农民改善体质，也使他们在精神上得到放松，能够有效地缓解生活和工作的压力。体育活动帮助村民建立起科学的作息习惯，形成良好的锻炼节奏和生活规律，从而改善了整体生活状态。此外，通过规律的体育活动，农民在日常生活中能够保持更高的精力，增强了生活的幸福感和满足感。这样健康的生活方式转变也让他们对生活有了新的期待和追求，为农村生活注入了新的活力。

2. 提升生活品质

农村体育活动的广泛开展，不仅让农民获得健康的体魄，还让他们体验到体育带来的愉悦感和成就感，进一步丰富了他们的业余生活。体育活动如广场舞、太极拳、健步走等，不仅适合农村的实际情况，而且为农民提供了丰富多彩的娱乐选择。在日常生活中，这些活动为村民提供了一个参与集体活动的渠道，让他们在轻松愉悦的氛围中增进了交流，也增强了村民之间的互动，使得乡村生活不再单调枯燥。

此外，体育活动的多样性为村民创造了更多的娱乐与放松方式，使得农村居民的日常生活更加丰富和有趣。比如，越来越多的村民会参与到晨跑、散步和各种体育锻炼中，在享受运动的过程中找到新的乐趣和满足感，丰富了精神生活。农民不再仅限于传统的生活方式，他们在业余时间参与的活动种类更多，整体生活品质得到显著提升。通过体育活动，农民逐步体验到现代生活的多样性，这种改善在潜移默化中提升了乡村生活的幸福感。

3. 促进乡村文化氛围的形成

农村体育活动在促进乡村文化氛围的形成中也起到了重要作用。体育活动不仅是身

体锻炼的方式，更是一种精神文化的载体，为农村社区增添了活力。在许多乡村，体育活动逐渐融入传统节日和庆祝活动中，使体育与乡土文化相结合。通过组织拔河、赛跑、跳绳等比赛，农村居民可以在运动的过程中感受到乡村文化的独特魅力。这些活动既保留了农村传统，又融入了现代体育元素，为村民带来了新鲜感和集体参与的乐趣。

例如，在一些重要的节日，农村地区会通过体育赛事庆祝佳节，增加节日的热闹氛围，增强村民的文化归属感和认同感。这些体育活动不仅让村民在节日中增进交流，还使村民在体验本土文化中获得自豪感。体育活动与乡村文化的结合使得传统节日更加生动有趣，同时也让村民体会到体育运动的健康和积极意义。这种乡村体育文化的逐步形成，使得乡村的整体文化氛围更加多元、开放而充满活力，推动了新型城镇化中的文化建设。

4. 增强社会凝聚力，改善乡村治理

体育活动具有极强的集体性和互动性，是增强社区凝聚力的重要手段。在新型城镇化的背景下，农村体育活动可以有效增进村民的关系，构建集体认同感。在农村篮球赛、拔河比赛等集体活动中，村民们共同参与、协作配合，逐渐形成了团队精神，增强了社区的凝聚力。在日常生活中，这种由体育活动带来的集体荣誉感和信任感会促使村民之间更加和睦相处，增进了社区的和谐。

通过体育活动，村民逐渐建立了自治意识。村委会或社区管理部门可以组织体育赛事，调动村民参与的积极性，推动村民自我管理、自我服务。这种自治意识的建立，不仅让村民在体育活动中感受到参与的乐趣，也增强了乡村社会的协作与治理能力，为农村的长远发展奠定了治理基础。通过农村体育活动推动乡村治理创新，是增强社会凝聚力、推动新型城镇化建设的重要路径。

5. 促进农村人口素质提高，推动城乡一体化

农村体育活动对农村居民的体质和整体素质提升起到了积极作用。体育活动不仅增强了农民的体质，减少了疾病的发生，也使得农民更关注自身的生活质量和健康水平。在健康素质提升的同时，农民逐渐树立了积极、健康的生活态度，对生活和工作的满意度不断提升。这种变化为新型城镇化的健康发展提供了基础。

随着农村居民身体素质和生活质量的提升，城乡一体化的进程也逐渐加快。健康的农民具备更多从事多元产业的可能性，为农村经济的发展提供了更有力的人力资源支持。同时，农民的综合素质提升，缩小了城乡在生活质量和健康水平上的差距，推动了城乡融合的实现，为新型城镇化目标的实现提供了基础条件。

6. 推动农村经济发展，助力产业转型升级

农村体育的发展也为农村经济带来了积极的促进作用。近年来，随着新型城镇化的推进，农村体育旅游逐渐兴起，一些具有地域特色的体育赛事吸引了大量城市游客，为农村经济带来了人流和商机。例如，一些乡村通过举办马拉松、自行车越野等活动吸引了大量游客，带动了当地的住宿、餐饮、农产品销售等相关产业的发展，增加了农民收入。

此外，体育活动促进了农村休闲产业和绿色农业的发展。通过与农村观光、绿色农业结合，农村体育拓宽了经济发展的多元化路径，为农村提供了更稳定的经济增长点。例如，依托农村的自然资源发展徒步、攀岩、垂钓等活动，能够进一步推动乡村的生态农业、绿色产业的发展。这种经济模式的创新，使农村地区能够在新型城镇化的过程中实现经济的转型升级，从传统的农业经济向多元化的休闲农业、绿色产业经济过渡，为新型城镇化的建设提供了强有力的经济支持。

综上所述，农村体育在新型城镇化中发挥了多重作用。它不仅为农民提供了健康保障，提升了农村社区的凝聚力，还促进了乡村治理、经济发展和城乡融合，为新型城镇化提供了重要支撑。在未来的发展中，通过持续推动农村体育的开展，农村将能更好地实现与城市的融合，走上更加全面和谐的城镇化之路。

第二章

中国农村体育事业的演进历程与发展走向

随着中国社会经济的快速发展，综合国力的提升，城镇化、新型城镇化发展已成为现代社会的一大发展趋势。特别是在中国社会主义背景下，带领农村和农民共同走向富裕是当前社会的一大历史任务。就目前来看，这主要体现在带动农村地区的发展，提高农民的经济收入和生活水平，促进农民身心健康等方面。所以，在新型城镇化背景下，农村体育事业的发展也是当前重要的任务之一。本章就中国农村体育事业的演进历程与发展进行分析。

第一节 中国农村体育事业的演进历程

新中国成立之后，对于我国农村体育事业的演进历程，农村体育研究领域的众多专家和学者进行了比较深入的研究，其中比较具有代表性的观点主要有以下几种：

李会增等人将农村体育事业的演进过程划分为起步与创业阶段、波浪式前进阶段、“兴盛”发展阶段、恢复发展阶段、城镇化发展阶段、新农村体育健身工程启动阶段，共六个历史阶段。具体如下：

1949 年—1957 年为起步与创业阶段。

1958 年—1965 年为波浪式前进阶段。

1966 年—1976 年为“兴盛”发展阶段。

1977 年—1992 年为恢复发展阶段。

1993 年—2004 年为城镇化发展阶段。

2005 年至今为新农村体育健身工程启动阶段。

夏成前等人根据不同的起止时间，对于各个阶段有着不同的命名，将其分为五个历史阶段，分别是起步阶段、波浪式发展阶段、“文革”阶段、恢复发展阶段、节节攀升阶段。具体如下：

1949 年—1958 年为起步阶段。

1959 年—1965 年为波浪式发展阶段。

1966 年—1976 年为“文革”阶段。

1977 年—1985 年为恢复发展阶段。

1986 年—2007 年为节节攀升阶段。

郭修金的划分同李会增等人的划分比较类似，只是在起止时间以及命名方面存在不同。郭修金将其划分为五个历史阶段，分别是初步探索的乡土化阶段、“跃进”与恢复的军事化阶段、畸形“兴盛”的革命化阶段、复苏和振兴的组织化阶段、蓬勃发展的民生化阶段。具体如下：

1949 年—1956 年为初步探索的乡土化阶段。

1957 年—1965 年为“跃进”与恢复的军事化阶段。

1966 年—1976 年为畸形“兴盛”的革命化阶段。

1977 年—2004 年为复苏和振兴的组织化阶段。

2005 年至今为蓬勃发展的民生化阶段。

以上几种划分结果都基本涵盖了我国农村体育事业在新中国成立之后的演进历程，使人们能够比较清晰、全面地认识我国农村体育事业的发展历程。但上述各个不同阶段的命名存在局限性，对于我国农村社会结构在各个不同历史阶段的变迁这一重要因素所产生的影响作用未能进行考虑，没有将农村体育事业的发展置身于特定历史阶段的农村社会与经济发展的关联性、规律性之中进行考查，而这样划分出来的结构知识站在农村体育的角度来谈农村体育，缺乏相应的合理性和科学性。

基于上述认识，在农村社会结构变迁这一背景之下，根据各个不同阶段农村社会变化的特点来对农村体育事业各个历史阶段进行划分和命名。自从新中国成立之后，我国农村体育事业的演进历程同农村社会结构变化的五个历史时期有着比较大的联系，故可将其划分为以下五个阶段：

第一阶段，1949 年—1957 年，即新中国成立至农村人民公社建立前。

第二阶段，1958 年—1983 年，即农村人民公社时期。

第三阶段，1984 年—2005 年，即农村乡镇政府出现至农村税费改革前。

第四阶段，2006 年—2013 年，即农村税费改革后至新农村建设时期。

第五阶段，2014 年至今，即新型城镇化建设时期。

一、第一阶段农村体育发展状况与特点

中国人民政治协商会议在 1949 年 9 月成功召开，会上通过了《中国人民政治协商会议共同纲领》，该纲领具有临时宪法的作用，并在其中的 48 条作出了明确规定，对国民体育进行提倡。《新体育》在 1950 年创刊，它刊登了一篇文章——《体育为劳动生产服务》，文中指出，体育的基本任务有两个：一是为劳动生产服务；二是为国防建设

服务。

1952 年 6 月，毛泽东同志在中华全国体育总会成立时题词：“发展体育运动，增强人民体质。”1953 年 11 月 17 日，中央人民政府体育运动委员会党组将《关于加强人民体育运动工作的报告》向中央进行提交，提出实施《准备劳动与卫国体育制度》，在广大农村主要应结合民兵训练，利用农闲季节，重点实行一定运动项目的经常锻炼，另外，也可以一般地提倡农民中固有的、有利于增进人民健康的民族形式体育项目。自此之后，我国农村体育的发展同军事训练、民兵活动建立了联系，使得农村体育具有了浓厚的政治色彩。农村体育的发展也为服从劳动生产和军事训练确定了基调。

1954 年 1 月，荣高棠同志作为当时中华全国体育总会秘书长在《新体育》上发表了题为《新中国四年来的体育运动》的文章，他在文章中指出：“体育运动在广大农村得到了一定的开展。其同民兵训练相结合，河北怀安、山西黎城等地开展了单杠、双杠、武术、投手榴弹、木马、越野赛跑等活动；广东台山县、安徽巢县等地的农民组建了各种运动队。”

1955 年，《关于加强青年业余文化工作的决议》在新民主主义青年团二届二中全会中得以顺利通过，该决议提出了要对青年和民兵喜爱的体育活动进行组织给予支持。这部政策文件成为倡导在农村开展军事体育活动方面，中央一级机构所制定的最早的一部文件，也确定了农村体育发展的军事与业余性质。同年，在全国范围内，正式推行“劳卫制”，以民兵组织、妇联、青年团作为负责机构，以复员军人和农村体育教师作为骨干，通过对农闲时节进行充分利用来开展相应的活动，对大批体育骨干进行相应的训练。1956 年 6 月，第一次“全国农村体育工作会议”由原国家体委和青年团中央在北京召开，在本次会议上对于基于政治和军事需求所采取的农村体育与民兵训练相结合的形式给予了肯定，与此同时，也提出了相应的要求，要对县一级的体育运动委员会快速筹建，并且配备一定数量的专职干部来加强领导。此外，要求继续依靠青年团组织领导和开展农村体育工作。这次会议也提出了开展农村体育工作要实行“服从生产、坚持业余、自愿原则、简单易行”的工作方针。在本次会议结束之后，我国各个省市自治区都开始组织相关力量来对农村体育开展深入调研，构建农村体育组织，以更好地促进农村体育工作得到快速发展。根据相关资料统计，到了 1956 年，我国有 22 个省市自治区建立的县级体委达到 436 个，并且配备了 554 名专职体育干部。新中国成立之初，青年团中央负责体育工作，在 261 个县级团委中青年团配备了 268 名专职体育干部。与此同时，全国共建体育协会 30 505 个，会员达到 915 050 个。

自 1956 年起，一些报纸也对农村体育进行了相关报道。《光明日报》于 1956 年 1 月 9 日将《逐步开展农村中的体育活动》作为头版头条进行了刊载，这也是最早的与农村体育有关的社论文章。在这一文章中指出，随着农村合作化运动逐渐进入高潮，我国史上空前的文化建设高潮也即将到来。一批体育之乡也在这一时期出现，如广东的足球之乡梅县、游泳之乡东莞市、排球之乡台山县等。

此外，吉林延边的足球，福建莆田市的田径也发展得比较好，许多农村体育活动出现前所未有的新气象。在江苏姜堰区、武进、仪征等地，田间广播操得到了很好的推广。山东省 52 个县，参加武术、摔跤、骑马、射箭、举石锁石担等民间传统体育活动的就有 6 万多人。在这一时期，由于农村的体育场地基层设施较为薄弱，青年团组织曾号召广大农村青年发扬艰苦奋斗、自力更生的优良作风，自制简易体育器材，自己动手开辟新的体育活动场地。

所以，在这一时期中，农村体育场地设施的建设遵循的基本原则就是修建适用、简易的场地，费用少、标准低，大都是为发动农村群众义务劳动而建。之后，随着农村基层体育协会的不断成立，体育协会的基本职责和具体职能也得到了确立。

在修建农村体育场地器材设施方面，主要采用以下五种方法来进行解决。

（1）通过业余劳动所得来购买器材。

（2）自己动手制作器材。

（3）充分利用能够被利用的东西来开展锻炼。

（4）通过自己凑钱来进行购置，或者修补由部队、机关、工厂、学校等所赠送的残旧器材，再进行使用。

（5）比较富裕的农业社可以通过利用一部分公益金来对器材进行购置。在这一时期中，除了进行农业生产之外，农民群体利用空闲时间来积极参与军事化的体育活动，使自身的业余生活得到很好的丰富。

二、第二阶段农村体育发展状况与特点

1958 年，我国农村经济与社会发展随着“政社合一”的人民公社成立开始进入到了新阶段，与此同时，在人民公社这一特殊背景时期，农村体育事业也得到相应眷顾。原国家体育运动委员会于 1958 年 5 月和 8 月分别在山东高唐县和辽宁北票市召开农村体育工作现场会，会上对高唐县和北票市农村体育与生产劳动相结合的经验进行了相关总结和推广，并提出了将体育与生产拧成一条绳。由此可见，农业生产能够带动体育活动，而体育活动又能促进农业生产，当时农村体育与农业生产的联系仍然紧密。

1958 年，在毛泽东同志的号召下，全国大办民兵师。从此，农村体育活动在民兵军事化训练过程中也获得了很好的开展，农村体育的军事化与政治化特性甚为突出。1958 年 12 月 25 日，在北京召开了全国农业社会主义建设先进单位代表会议，全国出席会议的农村体育先进单位代表有 20 多个。农村体育基础设施建设由于受 1958 年—1960 年“大跃进”运动的波及，提出“5 年内各乡建有 2 个体育场、1 个体育馆和 1 个游泳池”的高指标要求。

我国国民经济从1960年—1963年夏遭受到了自然灾害的重创。国家体委在这一时期提出区别对待农村体育的方针，并提出了暂时少搞或不搞农村体育活动的建议，有些县甚至将体委组织撤销，农村体育事业基本处于停滞状态。然而，这一时期农村体育活动却以另一种形式存在，与当时的国防军事体育活动相关。1960年4月，《全国民兵代表会议全体代表致全国民兵的倡议书》发布，从而在全国范围内掀起国防军事体育活动热潮。1961年，群众体育活动的开展应同民兵工作相结合的要求在全国体育工作会议中得以提出。1963年，在农村“社会主义教育运动”中，全国很多农村公社团委配备了专职军体委员“狠抓”民兵训练和体育活动。

在1963年—1965年，我国国民经济得以逐渐复苏，加之第一个五年规划的超额完成，农村体育逐渐恢复生机。针对农村体育工作，国家体委提出了“业余、分散、小型，多样，因时、因地、因人制宜”的基本原则。

1966年—1976年，农村体育开始进入革命化发展道路。农村体育在这一阶段中，其所具有的政治功能被无限放大。农村群众性体育活动的开展，是对农村文化生活的丰富，用社会主义占领农村思想文化阵地的重要措施，对于更好地巩固无产阶级专政有着非常重要的意义。

1976年10月，我国农村体育工作开始逐步回归常态化道路。国家体委于1978年11月在湖北省黄陂市召开县体育工作调查会，并对《做好县体育工作的意见》进行起草，对县体育工作的任务、方法以及工作作风等方面的问题进行了明确。同年12月22日，《农村人民公社工作条例（试行草案）》在党的十一届三中全会得以顺利通过，其中对农村体育工作提出，“开展业余文艺体育活动，活跃社员的文化生活”。为了贯彻落实中共中央《关于关心人民群众文化生活的指示》，把握好农村物质文明和精神文明建设，国家体委于1981年12月在广西玉林召开全国农村体育工作座谈会。同年11月，在福建龙海市角美公社，国家体委、文化和旅游部、共青团中央联合召开全国农村体育工作会议，在会议上对新时期农村体育工作的任务、工作方针和具体措施进行了制定。1983年2月3日，国务院对这个会议纪要进行了转批，要求各级人民政府加强领导农村体育工作，坚持从实际出发，采用各种措施来促使农村体育文化活动得到逐步、积极开展。

三、第三阶段农村体育发展状况与特点

《关于实行政社分开，建立乡政府的通知》于1983年10月12日由中共中央，国务院联合颁发，这一通知对各地的要求是乡政府的建立工作要在1984年底之前完成。到1984年底，能够完成政社分开工作的农村人民公社已达到99%。这也标志着我国农村人民公社时代正式结束。

99%以上的农村人民公社完成了政社分开工作，从此，我国农村人民公社时代正式结束，乡镇政府出现。1984年12月，全国县体委主任会议在湖南桃源县由国家体委组

织召开，本次会议对《关于加强县级体育工作的意见》进行了研究和讨论，指出“优先发展经济比较富裕和体育基础较好的乡镇体育，是带动和加快全县体育工作前进步伐的一个重要环节”。1985 年，国家体委通过对《“全国体育先进县”通知和评选细则》实施，来使创“体育先进县”活动在全国得到开展，进一步推动了我国农村体育事业往前发展。中国农民体育协会经国务院批准于 1986 年 9 月正式成立，各省（自治区、直辖市）也都建立了农民体协。农村体育事业的发展随着农民体育协会的出现有了具体的、针对性的组织来进行推动。

1987 年，第二次全国农村体育工作会议由国家体委、农业农村部、中国农民体育协会共同召开。对讲评选全国体育先进县工作作为一项制度进行了确定，提出要长期坚持，并制定了发展规划，提出到 2000 年建成 700 个全国体育先进县的总目标。第一届全国农民运动会于 1988 年在北京成功举行。在全国农民运动会中，所设置的具体项目同农村农业生产活动有着非常密切的联系，这也成为各省对农民体育活动进行开展的重要参照。

由此可见，农民运动会成为农民自己的体育盛会，在项目设置方面与农村农业生产、农民农闲生活相联系，有着非常浓厚的农村乡土特色，如龙舟赛、舞龙舞狮、健身秧歌等活动，既具有非常广泛的农民群众基础，同时也深受广大农民群众的欢迎和喜爱，同农民闲时生活有着非常紧密的联系，通过赛事宣传来开展和推广农村体育运动活动项目。

根据相关资料统计表明，全国有 25 个省、市、自治区和 310 个县先后成立农（牧）民体育协会，成立体育辅导中心的有 926 个县，占全国总县数的 71.2%。我国农民体育协会、农业农村部、国家体委于 1990 年 2 月在全国范围内联合开展以乡镇为基本单位推行“亿万农民健身活动”，且对全国“亿万农民健身活动”先进乡镇，每两年进行评比表彰一次，这也使得农村基层的体育活动逐渐达到高潮。在全国广大农村基层中分布了体育先进乡镇，这为开展农民体育活动起到激励、示范与推动作用，同时也使得我国农村体育进入了社会化、组织化、快速化的发展阶段。经国务院批准，《全民健身计划纲要》于 1995 年 6 月 20 日正式颁布实施，在这一纲要中，同农村群众体育有着密切关系的主要有“全民健身工程”“雪炭工程”等专项工程，对于农村贫困地区及老少边穷地区体育场地基础设施建设方面，上述工程起到了非常重要的帮扶作用。国家体委于 1998 年开始对“全民健身工程”与“雪炭工程”进行全面贯彻实施，上述这些工程的贯彻实施对于农村贫困地区体育场地基础设施建设起到了很好的改善作用，为广泛开展农民健身工作提供了重要基础和必要的保障。

2000 年，《2001 年—2010 年体育改革与发展纲要》由国家体育总局颁布，将乡镇作为农村体育发展的重点。此后，我国农村体育的发展重心从县城转移到乡镇，乡镇体育事业呈现盎然生机。2002 年，《农村体育工作暂行规定》由国家体育总局正式颁布，这也使得农村体育工作的开展更加有章可循，基层农村体育工作变得更加具体化。2003 年 6 月 18 日，经国务院第 12 次常务会议通过，《公共文化体育设施条例》自 2003 年 8 月 1 日起正式施行，为我国广大农村地区的公共文化体育设施建设提供了政策支持。此后，为了进一步加大农村体育工作开展的力度，国家体育总局将 2004 年定为“农村体育年”，同时提出“生活要健康、身体要健康”的口号，确立了以“体育三下乡”为主题活动，使得农村体育的工作力度得以进一步加大，也促进了农村体育的发展步伐得以加快。全国农村体育年启动仪式在江苏淮安举行，在该仪式上，国家体育总局领导说，“没有农民的小康，就没有中国的全面小康；农民体育、农民健康和农民健身是三农课题中的应有之义”。根据相关统计，全国各地在农村体育年中共投入了 2 亿多元，参与其中的农民人数达到了 1.05 亿多人，各种形式的群众体育活动在 2057 个县（区）得以举办，使得农村体育健身活动达到高潮。

四、第四阶段农村体育发展状况与特点

第十届全国人大常委会第十九次会议于 2005 年 12 月 24 日正式召开，本次会议决定，《中华人民共和国农业税条例》自 2006 年 1 月 1 日起废止。以后，对于农业，我国政府不再进行单独征税。党的十六届五中全会于 2005 年 10 月 8 日至 2005 年 10 月 11 日在北京召开，在会议中，针对我国现代化进程中社会主义新农村建设是重大历史任务进行了明确，并提出了社会主义新农村的目标和要求，即“生产发展、生活宽裕、乡风文明、村容整洁、管理民主”。新农村建设涵盖了诸多领域内容，如政治、文化、经济、教育与体育等，有着非常丰富的内涵。2005 年，国家体育总局与国家发展和改革委员会经过调研，提出将在全国建设农民体育健身工程的设想。2005 年 12 月 31 日，《中共中央国务院关于推进社会主义新农村建设的若干意见》作为中央一号文件由中共中央、国务院印发，该意见提出，在社会主义新农村建设中要推动实施“农民体育健身工程”，对群众所喜爱的，寓教于乐的文体活动进行积极开展。2006 年，在《中华人民共和国国民经济和社会发展第十一个五年规划纲要》中，“推动实施农民体育健身工程”作为新农村建设重点工程之一，被列入其中。国家体育总局于 2006 年 3 月 1 日颁布了《关于实施农民体育健身工程的意见》，要求各级体育部门将实施农民体育健身工程建设作为一项长期任务。国家体育总局在《“十一五”群众体育事业发展规划》和《〈全民健身计划纲要〉第二期工程第二阶段（2006 年—2010 年）实施计划》中将对农民体育健身工程的实施作为主要任务，并同国家发展和改革委员会联合制定试点方案，针对农民体育健身工程，在东、中、西部地区选择了 8 个省（区、市）进行试点，这 8 个省（区、市）分别是山东、河南、陕西、江西、浙江、重庆、湖北、广西。我国农村体育事业的发展随着“农民体育健身工程”的实施，开始进入到了一个新的起点高度。2007 年 5

月，《“十一五”农民体育健身工程建设规划》由国家体育总局、国家发改委、财政部联合印发，针对全国农民体育健身工程的建设详细规划了建设的标准、资金安排、目标任务、预期成效、保障措施等，提出要在5年之内通过投入30亿元资金来实现在全国10万个行政村建设农民健身场地设施，使拥有公共体育场地设施的行政村占到全国的1/6。在投入的资金方面，主要是以地方资金为主，中央给予适当支持。中央和地方按照4：6的比例投入，也就是说，地方需要投资18亿元，中央需要投资12亿元。

2009年8月19日，《全民健身条例》在国务院第77次常务会议通过，自2009年10月1日起施行。该条例指出，要针对农村地区加大基层公共体育设施建设的投入力度，将每年的8月8日定为全民健身日，在传统节日和农闲季节，县级人民政府体育主管部门应当积极组织开展同农村文化生活和生产劳动相适应的全民健身活动。我国农村全民健身事业随着《全民健身条例》的实施得到了空前发展。我国农民体育协会组织网络在这一时期日渐庞大。农村体育社会组织的日渐完善，我国一些地方开始基本形成了将乡镇问题工作站作为平台，以农民体育协会作为龙头，在各级体育社会组织的辅助下，将村级文体中心和健身活动点作为纽带，横向到边、纵向到底的农村体育社会组织网络体系，更好地促使农民体育加速发展。

农民体育健身工程的数量在这一时期持续增加，数量惊人。“十一五”期间，根据中共中央、国务院《关于推进社会主义新农村建设的若干意见》的总体要求，在推进社会主义新农村建设方面，国家体育总局、国家发改委、财政部将“农民体育健身工程”的推动和实施作为其中的一项重要举措，这既能够充分体现党和政府对农村体育事业大力发展以及广大农民群众身体素质得以全面提高的关心和重视，同时也为农民体育健身工程建设的推进以及农民健身活动的广泛开展提供了重要的政策支持和法律依据。

通过“十一五”中期评估以及“十一五”末期调研可知，在“十一五”期间，农民体育健身工程建设获得的成绩令人瞩目：5年间所建设农民体育健身工程达到了231 306个，占634 122个全国行政村的36.5%；体育场地新增面积达到2.3亿平方米，直接受惠的人数达到了3.3亿人次，农村人均新增场地面积0.7 m^2，根据全国人口来进行计算，体育场地人均面积新增了将近0.2 m^2。

“十一五”期间，在农民体育健身工程建设方面，全国共投入118.3亿元。其中，由地方投入的资金为60.6亿元，由中央投入的资金为12.4亿元，社会投入资金为45.3亿元。建成的农民体育健身工程达到23.1万个，其中由地方自建的农民健身工程为13.1万个，国家规划建设的为10万个，这使得“十一五”规划的任务得以超额完成。

此后，在“十二五”期间，《中华人民共和国国民经济和社会发展第十二个五年规划纲要》《体育事业“十二五”规划》以及《全民健身计划（2011年—2015年）》等政策文件都对“继续实施农民体育健身工程”进行了明确提出。2011年2月15日，《全民健身计划（2011 年—2015 年）》由国务院印发，在这一通知中提出了明确的要求：每周参加体育锻炼活动不少于 3 次、每次不少于 30 分钟、锻炼强度中等以上的人数比例达到了 32% 以上，比 2007 年提高了 3.8 个百分点，其中 16 岁以上（不含在校学生）的城市居民达到了 18% 以上，农村居民达到 7% 以上；50% 以上的街道（乡镇）、社区（行政村）建有便捷、实用的体育健身设施；60% 以上的农村乡镇建有体育组织，50% 以上的农村社区建有体育健身站（点）。在对农村体育加快发展方面，地方各级人民政府要将农村体育的发展纳入当地全面建设小康社会和社会主义新农村建设规划之中，对城乡全民健身事业进行统筹发展，均衡地配置城乡公共体育服务和体育资源，逐步建成城乡一体化的全民健身公共服务体系，促使农村基层体育公共服务能力得以增强。对包括乡镇综合文化站在内的社区综合服务设施作用加以充分发挥，对于企事业单位、农村学校的体育设施以及体育人才资源加以合理利用，在农闲季节和传统节日，对农民体育活动进行广泛组织，开展“体育下乡活动”，并办好基层农民运动会。其中，到 2015 年，建成农民体育健身工程的行政村要达到全国的 50%。《体育事业发展“十二五”规划》由国家体育总局于 2011 年 4 月 1 日正式发布，该规划指出要对“农民体育健身工程”“雪炭工程”“全民健身路径工程”继续实施，对“全民健身活动中心”的建设给予支持，建设“全民健身户外活动基地”和社区多功能全民健身设施，力争实现建有“全民健身活动中心”的县（区）达到 50% 以上。建有实用、便捷的全民健身设施的街道（乡镇）、社区（行政村）达到 50% 以上。在农村全民健身组织网络方面实现 60% 以上的农村乡镇建有体育组织，50% 以上的农村社区建有体育健身站（点）。

2012 年 7 月，《“十二五”公共体育设施建设规划》由国家发改委和国家体育总局联合下发并组织实施，这一规划的期限为 2012 年—2015 年，国家体育总局进一步细化了各个项目的规划，举行了《“十二五”公共体育设施建设规划》培训会议（长春会议），在本次会议中，对建设“十二五”农民体育健身工程进行了工作部署。该《规划》要求，到 2015 年基本实现“县县都有公共体育场”，50% 以上的县（市、区）建有“全民健身活动中心”，50% 以上的街道（乡镇）、社区（行政村）建有便捷、实用的体育健身设施。

此外，在农村文化体育活动经费方面，财政部在 2013 年 4 月 10 日印发了《中央补助地方农村文化建设专项资金管理暂行办法》，对于补助资金和奖励资金的支出范围以及相关标准做出了明确规定。至此，在开展农村体育活动方面，便有了专项经费来提供保障。

五、第五阶段农村体育发展状况与特点

作为引领我国城镇化健康发展的纲领性文件，《国家新型城镇化规划（2014 年—2020 年）》于 2014 年 3 月 16 日正式公布，这也标志着我国建设新型城镇化的工作得以

全面展开。2014 年 2 月 26 日，在北京召开了中国农民体育协会工作会议，全面部署了 2014 年的农民体育工作，并指出要对“三农”工作中农民体育的重要作用进行充分发挥，以更好地促进农村文化得以繁荣发展；整合各类农村文化惠民资源和项目，推动基层公共文化体育设施和服务标准化建设；对于具有当地特色的农民体育活动，各地区要因地制宜地组织、举办，继续发挥农民体育赛事活动的作用，使农民业余文化生活得到丰富；针对农民体育做好相应的宣传工作，为农民群众体育健身活动的开展营造良好的社会氛围；不断创新“亿万农民健身活动”的内容与方法，激发农民体育发展活力。

作为一项惠民工程，农民体育健身工程是促使农民健身需求得到满足，并促使群众身体素质得以不断增强的重要载体，农民体育健身工程的建设同体育运动发展的根本宗旨的要求相符合，使得体育强大的功能得到发挥；农民体育健身工程是对农村加快综合治理建设，并对农村环境进行改善的基础工程，其建设能够更好地推动我国新型城镇化健身以及新农村建设，能够为社会经济建设提供助力；农民体育健身工程是促使农民幸福指数和文明素质得以不断提高，促进乡风文明、社会和谐以及建设公共文化服务体系的战略工程，同时也是建设社会主义核心价值观的助推器，有着非常重要的政治功能。

农民体育健身工程建设除了建设体育设施之外，还更好地建立并健全了体育健身组织，促进了全民健身活动得以蓬勃发展。农民体育健身工程的建设作为农村社会变革的一个侧面，使得人们的思想观念、生活方式等都产生了非常深刻的变化。

2016 年 7 月 20 日，《县级全民健身中心项目实施办法》（以下简称《办法》）由国家体育总局正式公布。此次出台的《办法》适用于总局本级公益金支持建设的县级全民健身中心项目的申报、审核、实施与监管。根据《办法》，县级全民健身中心项目坚持“科学规划、经济实用、服务群众、保障基本”的原则，对中西部地区和东部享受中西部政策的地区予以支持，对民族地区、革命老区、贫困地区、边疆地区以及享受中央特殊政策支持地区重点支持。《办法》还对项目的实施、监管提出明确要求。《办法》要求，在项目批准后，建设项目应于第二年年底之前完成。对没有按照要求建设完工的项目，国家体育总局要在官方网站进行通报，取消本周期内项目所属县参与评选全国群众体育的先进资格，同时，还要对项目所在省（区、市）次年度总局本级公益金资助项目数量进行核减。

还有《“健康中国 2030”规划纲要》《中长期青年发展规划（2016 年—2025 年）》《全民健康生活方式行动方案（2017 年—2025 年）》等诸多文件，不仅对农村体育工作提出了具体意见和要求、为农村体育更好发展提供了重要保证，还体现出党和国家对农村体育发展的重视、对农民身心健康的关切。

时至今日，国家以满足人民对美好生活的需求为己任，大力推行全民健身与全民健康深度融合。农村体育顺应时代发展而出现更多机遇，如：2019 年 8 月 10 日，国务院办公厅印发的《体育强国建设纲要》指出，推动全民健身公共服务资源向农村倾斜，重点扶植革命老区、民族地区、边疆地区、贫困地区发展全民健身事业……紧密结合美丽宜居乡村、运动休闲特色小镇建设，鼓励创建休闲健身区、功能区和田园景区，探索发展乡村健身休闲产业和建设运动休闲特色乡村。新时代、新时期、新起点的农村体育有了更好的发展环境，我国农村体育向农村注入了“强心剂”，有关农民健身积极性不强此类问题，政府现阶段采取政策引导与举办赛事相结合的方式，使农民“有奔头”地自发进行体育活动。国家体育总局印发的《关于实施农民体育健身工程的意见》提出“农民日益增长的体育健身需求同农村公共体育场地设施严重不足的矛盾制约着农村体育活动的开展”，国家财政及体育彩票等方面随即向农村投入大量资金，解决了场地设施不足的问题；基层乡（镇）政府定期举行文化站点的体育骨干的培训，增加提高体育骨干的数量与质量，丰富农民的体育文化知识，以此来应对体育骨干匮乏的现状。

2022 年 06 月 20 日，农业农村部、体育总局、国家乡村振兴局联合印发的《关于推进“十四五”农民体育高质量发展的指导意见》强调：“坚持以习近平新时代中国特色社会主义思想为指导，以习近平总书记关于‘三农’工作和体育工作重要论述为根本遵循，围绕全面推进乡村振兴和建设体育强国、健康中国的奋斗目标，着眼农民全面发展、农村全面进步，健全完善农民健身公共服务体系，创新农民体育发展方式，促进农体文体智体融合，不断满足农民群众对美好生活的需要，推动农民体育健身事业高质量发展。……从农民体育工作实际出发，遵循体育发展内在规律，不断创新组织机制、工作平台、活动载体和普及手段，坚持线上线下相结合，加快转变农民体育发展方式，突出广泛性、多元性，促进城乡体育协调发展。”

由此可以看出，在农村体育的发展中，党和国家的政策引导、资金投入、有效举措产生的影响是决定性的，我们坚信在党和国家的领导下，农村体育一定会迎来高质量发展！

第二节 中国农村体育发展现状与存在问题分析

一、农村体育基础设施现状及存在的主要问题

（一）农村体育基础设施现状

国务院办公厅在 1996 年 11 月 25 日转发了国家体委《关于深化改革加快发展县级体育事业的意见》，这一文件的颁布，为我国建设农村体育基础设施作出了指导与规定。

农村体育基础设施主要是指体育场地、体育器材及设施，包括健身路径与器材、球场与器材等体育设施。在实施国家体育总局体育事业发展“十二五”规划中，随着“农

民体育健身工程”“雪炭工程”“全民健身路径工程”等系列惠民工程的持续投入，我国农村体育基础设施建设获得了突飞猛进的发展。

为落实《“十四五”推进农业农村现代化规划》《全民健身计划（2021 年—2025 年）》部署以及“十四五”时期群众体育发展的有关规划要求，统筹推进“十四五”时期农民体育高质量发展，提出：“积极构建农民群众广泛参与的体育健身赛事活动体系，充分利用‘中国农民丰收节’‘全民健身日’‘全国运动会’等重大节庆平台，鼓励开展形式多样的农民群众性文化体育活动，倡导健康文明的生产生活方式。”围绕乡村发展、乡村建设和乡村治理，结合农时农事农需，经常性举办具有农耕农趣农味的体育赛事活动，大力开展健康跑（走）、骑行、球类等健身活动。有条件的行政村和农村社区每年举办 1 次以上健身赛事活动。支持农民自发组织开展村歌、“村晚”、广场舞、趣味运动会等文化体育活动。

从总体上看，对于农村体育基础设施建设的投入，国家是每年都在提高，从国家第五次和第六次全国体育场地普查结果数据来看，农村体育场地基础设施建设状况得到了很好的完善，如表 2-1 所示。

表 2-1　我国农村体育场地基础设施建设状况统计

普查时期	全国体育场地总数（个）	乡（镇）村体育场地总数（个）	乡（镇）村体育场地占有率（%）
第五次全国普查	850 080	66 446	8.18
第六次全国普查	1 694 600	679 700	41.39

从对我国东、中、西部新型城镇化综合试点地区的调研走访中可知，对于上述农村体育场地设施建设情况同当地农村城镇化率、经济与社会发展水平有着非常密切的关联。

（二）农村体育基础设施存在的主要问题

我国在建设农村体育基础设施方面，主要存在以下几个方面的问题：

（1）农村体育场地人均占有率仍然非常低，农民参与体育锻炼的基本需求难以得到很好的满足。同全国人均体育活动场地面积占比相比，农民人均体育活动场地面积占比更低。

（2）农村体育基础设施在地区之间存在着比较明显的差异，如西部贫困县的乡镇至今依然缺乏硬化的体育场地和篮球场地设施。体育基础设施资源结构存在不平衡现象，造成了区域场地分布也存在很大的不平衡性，主要表现为城区要好于集镇，而集镇要好于农村，平原地区要比山区要好，在“小城镇、街道与新农村社区”有着较为雄厚的投入资金，而在基层行政村的投入资金是非常薄弱的。正是因为缺乏对基层行政村的投入，造成了基层行政村一级的公共体育资源总量非常少。

（3）农村公共体育设施存在重建设而轻维护与管理的现象，对于室外基础设施管护不到位的情况普遍存在，缺乏相应的保护措施，很多地方对于场地器材设施存在严重的失修情况。这需要引起相关部门，特别是建设农民体育健身工程所在地的地方各级政府的高度重视，并积极采取相应的措施来进行改进和提升，从而真正做到农村体育基础设施建设达标、保证质量、保障资金、服务到位、监管有力。

（4）农村公共体育设施综合利用不够。一方面，农村学校周边社区居民缺少可以利用的健身设施，另一方面，在节假日学校体育设施又大门紧锁，处于闲置状态。此外，虽然在东南沿海的农村地区以及中部农村经济较为发达的区域体育设施比较充足，但是在开放率方面不是很高，这一类设施主要是面对政府以及企事业单位开放，而真正面向农民群众开放的体育设施数量非常少，设施种类更为单一简陋。

（5）农村体育设施种类单一、不丰富，使用人群主要是儿童、青少年和老人，而成年人却很少参与其中。

（6）农民体育健身工程建设在分布方面存在不均衡现象。这主要表现为以下三个方面：

一是经济欠发达地区由于缺乏足够的专项配套资金，造成农民体育健身工程的申报实施数量总体偏少。

二是海拔较高地区由于受到气候环境较大的影响，修建室外体育健身活动场地是不适合的，而修建室内体育健身活动场地需要较大资金投入，造成农民体育健身工程申报实施的数量偏少。

三是在实施农民体育健身工程方面，根据相关政策要求，不能对农田进行占用，而现有农村公共用地面积不足以建设标准健身场地和安装健身器材，只能建设一些占地面积比较小的体育健身场地。

二、农村体育活动开展现状及存在的主要问题

（一）农村体育活动开展现状

从我国农村体育活动开展的总体效果来看，各地都对农民体育健身工程进行大力兴建，并在此基础上，坚持“以人为本、注重实效、因地制宜、农民受益”的基本原则，大力倡导、正确引导和科学指导广大农民群众坚持从自己做起、从家庭做起，积极参与形式多样的农民体育健身活动。

随着农村经济社会的快速发展，在体育活动的参与方面，农民群体的运动热情越来越高涨，很多地方通过举办农民运动会的形式加以引导，使得农民群众参与其中，农村体育活动日渐平常化。

群体性体育活动除了能够提高民众参与体育活动的热情，营造良好的体育文化活动氛围之外，还能够促使基层民众体育活动的参与率得以不断提高。

（1）体育活动场地大都是在小型广场、公园绿地、健身广场、文体中心等，也有些活动属于流动型，不够固定。

（2）体育活动时间大都是在每一天的早上和晚上，对于一些公益活动、表演、竞赛等，具体时间主要是由举办单位和承办单位确定。

（3）体育活动性质主要为健身性、表演性、公益性、娱乐性，此外，极少数专业性与技术性强的活动具有商业性质。

（4）体育活动形式多以群众自发组织参与的健身娱乐活动为主，以政府、企事业单位组织的竞赛类、公益类比赛为辅，还有极少部分专业团体参与的商业演出。

（5）体育活动项目多为羽毛球、篮球、广场舞（排舞）、乒乓球、健身气功、象棋、钓鱼等，少数民族地区也开展了具有地方特色的传统体育项目。

（6）体育活动面越来越广，层次越来越分明。

（二）农村体育活动开展存在的主要问题

我国在开展农村体育活动的过程中，主要存在以下问题：

（1）政府往往对少数大型体育竞赛活动进行主导，对于民众普遍参与的中低端草根体育活动则缺乏足够的指导和关注。

（2）开展的体育项目与健身活动比较单一。

（3）由于公园绿地与小型广场公共面积所限，如广场舞类健身活动场地已经达到了饱和状态，在有限的空间内多个活动团体为了达到音效氛围，严重存在噪声扰民现象。

（4）在少数民族地区，现代体育项目的开展存在严重水土不服现象，而民间传统体育项目只是局限在一定地域范围之中进行开展，难以走出去。

（5）在时节气候、地理环境等因素的影响下，农村体育活动时间呈现出碎片化。

三、农村体育社会组织现状及存在的主要问题

（一）农村体育社会组织现状

就我国农村文化体育类社会组织人员构成的特点来看，社会组织人员的整体构成呈现出“三多三少”的特点，具体如下：

首先，中青年人较少，老年人多。参与文化体育类社会组织成员主要是退休人员。

其次，男性较少，女性居多。特别是健身操排舞队更是清一色的女性，乒乓球、象棋等个别项目，男性较多，从整体上来看，女性所占的比例要明显高于男性。

最后，社区居民较多，驻区企事业单位职工较少。几乎没有单位文体组织在社区登记，甚至少与社区联系。

在农村体育工作的开展方面，我国农村社会体育指导员队伍是生力军，他们是农村体育事业发展的宣传员、播种员、指导员，他们的工作质量和数量都会对我国农村体育工作的好坏产生直接影响，这也是各级体育行政部门在农村体育工作开展方面的一个重要环节。

我国农村文化同体育类社会组织主要有三种形式的管理模式，分别是直管形式、管办结合、管办分离。其中，占据主导地位的是管办结合，管办分离成萌芽态势。

1．**直管形式**

在文体类社会组织中这种形式相对较少，其他类型社会组织则较为普遍。这种管理模式具有比较浓厚的行政色彩，缺乏组织的自我服务、自我管理，组织活动缺乏积极性，主要是将完成上级任务作为重点。

2．**管办结合**

在文体类社会组织中这种管理模式较为普遍，有着一定的自主性，主要从日常活动安排方面表现出来，根据各个组织的活动内容进行自行安排。管办结合管理模式有较强的自主性，使街道、社区居委会在有限的人力、财力及物力的条件下，能够积极发展社区社会组织。

3．**管办分离**

这种形式的文体类社会组织，以协会的形式整合社区各种文体队伍，使其成为协会会员，并派代表组成协会领导层，统筹承担地区赛事、日常活动、对外交流等任务。

我国农村体育社会组织主要包含以下几个：

（1）基层政府机构序列中的乡镇综合文体站、县级文体中心、行政村级文体活动点等社会体育组织。

（2）老年人体协、各单项协会（篮协、足协、乒协）、农民体协等已注册并获得审批的体育社团。

（3）体育场馆（武术、球类、游泳）、各类体育俱乐部等以开展体育活动与培训为目的的民办非企业单位。

（4）已备案登记或尚未备案登记的自发性草根群众体育组织，比如全民健身活动点、早晚炼点等形式。

（二）农村体育社会组织存在的主要问题

（1）相对来说，农村体育社会组织管理模式比较粗放，对行政管理有着过多依赖，尚未形成有效的合力；现行管理体制与市场经济的运行规律相矛盾；在一定程度上，现有体育单项运动协会的政府色彩对社会参与和支持体育形成抑制；很多新农村社区社会组织，尤其是文体类社会组织近几年来获得了非常快速的发展，并形成了一整天登记制度，行政管理也是比较完备的。但在自我管理方面，农村体育社会组织比较匮乏，因其对行政管理过于依赖，使得群众日益增长的体育与文化需求难以得到满足，同时也进一步加大了社区、街道干部的工作量。

（2）在资金的使用方面，农村体育社会组织缺乏整体性和有效性。根据相关调查资料表明，经费不足是农村基层文体类社会组织所面临的主要问题。一方面是有资金不会使用，另一方面是面临资金缺乏的局面。

（3）对于文体类社会组织带头人培养机制比较缺乏。在文体类社会组织发展中，文体类社会组织带头人是关键所在，但如果缺乏相对的机制，如单位培养干部那样的机制，对于骨干的培养、管理，特别是支持的力度不够。目前，虽然有一套社会体育指导员管理制度，但是还不能同社区与街道层面的群众健身团队进行有效的对接，对于建立以健身团队为对象的社会体育指导员的培养与管理制度缺乏意识。

（4）文体活动设施严重匮乏。

（5）现有体育单项运动协会的性质、功能不明确，政府行为和社团行为的界限不清晰；现有体育单项运动协会民间性的作用没有充分发挥；县级体育总会没有编制，制约了基层协会的全面发展。

总体而言，我国农村体育社会组织大部分都是以老年人组织为主，针对青少年及中年人的体育组织数量极少。

通过对比我国中西部农村体育社会组织的发展现状，可以发现其中存在的一些问题。

（1）从整体上来看，中西部农村体育社会组织网络建设要比东部滞后，在我国当前农村体育社会组织建设中，农村基层行政村级的文体活动站点是其中的薄弱环节。

（2）就农村单项体育协会而言，东部、中部和西部存在比较明显的地域差异。中西部地区同东部地区在农村单项体育协会门类方面有着明显的差距，中西部地区单项体育协会门类和数量都是比较少的。

（3）我国东、中、西部地区民办非企业类农村体育社会组织数量与规模成非均衡发展态势，东中西部呈现递减趋势，东、中、西部体育社会组织投入现代体育项目严重不足。

（4）在中西部地区，基层政府对于基层草根体育社会组织没有制定相应的引导政策，较少实行登记备案管理制度；西部农村社区体育组织数量甚少，大多数的体育组织都是居民自发组织的健身组织，如秧歌队、老年人太极队、广场舞队等。

四、农村体育经费投入现状及存在的主要问题

（一）在中央投入农村体育文化专项经费层面

1996 年 11 月 25 日，国务院办公厅转发国家体委《关于深化改革加快发展县级体育事业的意见》，这一文件的颁布，为我国农村体育事业专项经费投入方面指明了方向。

之后，各个省份都会根据这一文件所倡导的精神进行认真执行。为了贯彻落实《全民健身计划纲要》，促使农村体育事业加快发展，国家体育总局于2002年4月12日根据《中华人民共和国体育法》，制定农村体育工作暂行规定。财政部在2013年4月10日，印发了《中央补助地方农村文化建设专项资金管理暂行办法》，该《办法》明确规定专项资金的支出范围和标准、申报与审批、管理与使用及监督检查等细则，在国家层面保障了农村体育经费的投入与使用。2014年，中央财政下拨45亿元作为农村文化建设专项资金，鼓励地方加大农村文化投入，对农村特色文化体育活动的开展予以支持，对农村基层文化体育人才队伍建设予以加强，同时不断丰富农民群众文化体育生活。

（二）在地方农村体育经费（用于农民体育健身工程等）投入层面

实施“农民体育健身工程”，要抓住体育场地建设这一基础环节。农村公共体育场地设施建设以中央和地方各级政府共同投入为主，社会集资为辅，体育彩票公益金主要在器材配置上予以支持。地方资金由地方各级政府负责筹集，动员社会力量参与和支持，可引导农民自愿义务投工投劳，但不能增加农民负担。形成合理、稳定和有效的资金投入机制，做到投资渠道多元化。如江苏省在“十一五”期间，省级公益金投入3.5亿元，在全省18 030个行政村建成“农民体育健身工程”；投入4亿元，支持县级体育场馆“新四个一”工程建设。遍布城乡各地的健身路径也均有体彩捐赠标牌。

通过资金和器材补助或“以奖代补”等方式，不同地区采取不同的投入机制，国家资金重点向中西部地区和贫困地区倾斜。东部发达地区应根据当地情况提出相应建设目标，并筹集资金完成建设任务。

农村体育经费的投入主要是用于农村基层体育基础设施建设。部分县乡由于经费投入过少，连基层干部的基本工资都无法保证，更谈不上开展群众体育工作了。在专项资金使用方面，各级财政部门建立了专用账户管理平台和专项资金使用监管机制。在乡镇层面，除了“上级拨款”外，农村体育活动经费来源主要依靠“社会捐赠”和“组织创收”，但后两者所占比例较小，不过东部沿海及中部经济较为发达的农村地区依靠“社会捐赠”和“组织创收”所占的比例仍然较为突出。在行政村级层面，首先是上级财政拨款，然后才是“社会捐赠”与“村民自筹承担”，基层组织创收所占比例较小。由此可见，政府的财政拨款依然是当前农村体育经费来源的主要渠道。

（三）农村体育经费投入存在的主要问题

我国农村体育经费投入存在的主要问题如下：

（1）中央补助地方农村文化建设专项资金下达，经过“中央财政—省级财政—市级财政—县级财政”这一过程，下拨时间层层顺延，最后下拨到乡镇及行政村的时间更晚，这对于建设农村文化体育设施以及开展文体活动都产生了比较直接的影响。

（2）中部地方财政下达农村文化建设中央补助资金总数额的信息不透明与不公

开，仅有对下属个别市县级和区级单位的预算，没能对乡镇和行政村补助情况进行具体说明。

（3）在一些地方，补助资金并未能发挥出其所应有的帮扶作用，很难通过具体的实效活动落到实处。

（4）对于农村公共体育设施的建设、维修、管理等资金投入各地都缺乏刚性约束，大都是依靠彩票公益金，尤其是在西部贫困地区，很多地方在财政方面没有投入。根据相关调查发现，中部地区存在专项补助资金落实不到位，甚至挪作他用的现象；农村体育文化方面的财政投入方面，中西部经济落后地区几乎没有，完全依靠中央财政的补助，奖励资金也就难以说起。

（5）地方配套资金缺口很大。由于我国各个地区地理环境条件存在较大的差异，在对农民体育健身工程建设方面，受到了地方经济发展相对滞后以及地方财政收入有限等因素的制约。在体育事业发展方面，各地所投入的资金都是非常有限的，在农民体育健身配套场地设施建设以及农民体育健身活动开展等方面的专项资金极度缺乏，有着很大的资金缺口。

五、农村体育政策法规与制度现状及存在的主要问题

（一）国家级农村体育事业发展政策法规及制度

国家体育运动委员会于1993年12月4日颁布实施《社会体育指导员技术等级制度》。自改革开放以来，社会体育指导员技术等级制度是群众体育领域建立的一项新制度，至今已经走过30余年的发展历程；2005年，《关于进一步加强农村文化建设的意见》由中共中央办公厅、国务院办公厅印发，这对农村文化与体育事业协调发展提供了指导；国家体育总局在2006年3月1日制定了《关于实施农民体育健身工程的意见》，这为农村体育事业的可持续发展提供了强有力的理论参考及技术指导。2010年，国家体育总局、文化和旅游部、农业农村部印发《关于发挥乡镇综合文化站的功能进一步加强农村体育工作的意见》，合理对接农村体育工作与农村文化工作；2011年10月9日，国家体育总局公布了新的《社会体育指导员管理办法》；财政部在2013年印发了《中央补助地方农村文化建设专项资金管理暂行办法》，对农村体育经费的投入与使用进行规范；2015年2月，中共中央、国务院印发了《关于加大改革创新力度加快农业现代化建设的若干意见》，支持农村文化体育设施建设，鼓励社会资本投入农村基础设施建设和在农村兴办各类事业；2015年5月，中共中央办公厅、国务院办公厅印发了《关于深入推进农村社区建设试点工作的指导意见》，这一文件指出，推进农村基层综合性公共服务设施建设，提升农村基层公共服务信息化水平，逐步构建县（市、区）、乡（镇）、村三级联动互补的基本公共服务网络，广泛开展具有浓郁乡土气息的农村社区文化体育活动；2015年10月，国务院办公厅印发《关于推进基层综合性文化服务中心建设的指导

意见》，该文件指出，加强乡镇（街道）和村（社区）文体广场建设，推进农村基层公共文化体育资源整合利用，提升综合服务水平；2015 年 11 月，《深化农村改革综合性实施方案》由中共中央办公厅、国务院办公厅印发，该文件指出，加强农村基层公共文化体育资源的整合利用，提高设施利用效能，建立乡镇综合文化站、体育健身等重点文化体育工程有效合作机制。

（二）地方层级农村体育相关政策法规及制度

1. 东部城市农村体育相关政策法规及制度

2006 年，江苏省文化厅与财政厅印发《江苏省乡镇文化站建设工程实施方案》，以更好地对江苏新农村文化体育事业的发展提供保障；2012 年，江苏省政府印发《江苏省农村公共文化服务管理办法》，规范引导农村基层公共文化体育事业；2012 年，江苏省体育局制定了《江苏省社会体育指导员管理办法》，这也成为江苏省社会体育指导员工作进行规范的法规制度。2021 年，山东省济南市体育局印发了《济南市室外公共健身设施管理办法（试行）》的通知，明确界定了各有关单位职责、器材采购安装、维护管理、考核奖惩等具体事项。对人民群众呼声进行积极回应，建立巡检制度，对济南市体育局印发《济南市室外公共健身设施巡检工作制度》的通知下发，要求各县（市、区）成立巡检工作领导小组，建立巡检制度，对巡检范围和内容进行明确，列支设施管理维护专项经费，建立健身器材电子档案，公开社会监督报修电话，以促使本区各类体育设施的维护管理得到加强。对社会体育指导员参与维护保养健身器材、社区志愿服务和个人认领等多种方式进行积极探索，加强健身指导，以促使居民的体育权益得到切实保障。

2. 中部城市农村体育相关政策法规及制度

2012 年，湖北省文化厅公布乡镇综合文化站免费开放专项资金管理暂行办法，对免费开放专项资金来源、使用范围与监管，对乡镇综合文化站补助标准等做出了明确规定；2013 年，湖北省省政府印发《湖北省农村文化建设专项资金管理暂行办法》，为有效整合使用农村文化建设专项资金提供了保证；2016 年，湖北省委办公厅与省政府办公厅印发《关于加快构建现代公共文化服务体系的实施意见》，有助于推动乡镇综合文体中心和配套的文体广场标准化建设。

中部山西省紧紧抓住省委、省政府“两区开发”“新农村建设”“第二轮村级组织活动场地建设”等机遇，把农民体育场地建设纳入其中；2011 年，进一步将农民体育健身工程纳入山西省人民政府新的“五个全覆盖”工程，使农民体育健身工程在 2012 年顺利实现了全省全覆盖，从而为广大农民群众过上更加美好的生活创造条件。山西省人民政府办公厅出台了一系列的政策文件，同时制定出了《山西省政府购买服务实施办法》《山西省构建更高水平的全民健身公共服务体系行动方案》，使得公共体育设施服务能力得到很大提升，进一步保障了社会体育指导员的工作条件，进一步加强了政府履行公共体育服务的职能。

3．西部城市农村体育相关政策法规及制度

甘肃省人民政府办公厅印发《建设乡镇及社区体育健身中心工程实施方案》，这在加快建设基层群众健身场地设施，广泛开展全民健身活动，方便群众就近参与，提高群众文化身体素质都具有非常重要的指导意义。据甘肃省体育局统计，截至目前，甘肃省有 1 115 个乡镇完成了“千乡镇农民体育健身工程”，占全省乡镇总数的 82.0%。同时还完成了国家三部委下达的 700 个村级农民体育健身工程。群众健身缺少身边场地的困境，正在发生改变。

重庆市制定了《重庆市基本公共文化服务实施标准（2015 年—2020 年）》，确定了场地设置、设备配置、人员配备、服务实施等方面的标准，为乡镇和村级文体中心配备工作人员，在有条件地区设立社会体育指导员；重庆市政府办公厅关于印发《推进基层综合性文化服务中心建设实施方案》（渝府办发〔2016〕62 号）的通知要求，乡镇（街道）和村（社区）综合性文化服务中心应按照人口规模和服务半径，因地制宜建设文体广场、宣传栏（含阅报栏、电子阅报屏和公益广告牌）、简易戏台等。《重庆市基层综合文化服务中心服务效能评价指标体系》要求，乡镇（街道）、村（社区）均须建设问题广场，其中乡镇（街道）文体广场面积不少于 500 平方米。

此外，2020 年 8 月正式实施的《重庆市实施〈中华人民共和国公共文化服务保障法〉办法》第十四条规定，乡镇（街道）应当建有综合性文化服务中心，并根据实际需要建设文体广场、惠民电影放映厅、体育健身设施。

在对农民体育健身工程建设设施的过程中，西部四川省对分级负责与加强监管相结合予以始终坚持贯彻，对选址关、标准关、器材招标关、器材安装关、检查验收关等“五关”进行全程重点把握。

（三）农村体育政策法规与制度存在的主要问题

农村体育政策法规与制度存在的主要问题如下：

（1）从政策法规制度发布时间来看，东部要比中西部明显早很多，也就是说，中西部在制定政策法规方面存在滞后性；从政策法规的数量与门类看，东部也要比中西部多，说明在政策法规的数量与门类方面中西部较为局限。

（2）比较东、中、西部相关政策法规的名称发现，东部江苏制定的法规制度更贴近农村现实，具有针对性，而中西部相关政策较为宏观，缺乏针对农村文化体育事业发展的专门性政策法规与制度。

（3）在人力资源法规制度方面，中部与西部都是将 2011 年国家体育总局颁布的《社会体育指导员管理办法》作为参考，目前并没有针对自身实际来制定相关的政策法规。

（4）在经费投入、使用、监管方面，中部与西部都是将财政部《中央补助地方农村文化建设专项资金管理暂行办法》作为重要依据，在本级并没有制定相应的管理办法，也没有制定配套的相关制度和政策法规。

（5）地域性的农村体育政策法规制度非常缺乏，难以根据地区差异来对具有针对性的基层农村体育政策法规进行制定，造成一些偏远的农村地区对于地方政策实惠难以进行较好的享受。此外，有很多政策法规在长效机制方面比较缺乏，在刚开始执行时还是比较合理的，但随着时间的不断推移，有很多政策法规开始显现出一些不够完善的地方，对于政策法规的长期执行性造成影响。

第三节 新型城镇化背景下农村体育未来发展特征、形态与走向

一、新型城镇化背景下农村体育发展特征

（一）新型城镇化背景下农村体育的自然生态特征

1. 新型城镇化背景下农村体育的生态性

新型城镇化背景下农村体育的生态系统具有多层次性，可包括体育环境、体育参与人群、体育手段和体育组织这四个要素，系统构成体育生态结构。其中体育组织是农村体育生态系统的关键要素。

（1）体育环境。农村体育环境包括自然环境和社会环境。我国农村体育生态发展系统还处于初始阶段。在农村体育发展过程中必须保持自然环境的生态性，不能人为改变原有的自然地理结构，破坏生态系统的完整性。要创造有利于农村体育发展的社会、政治、文化环境，彻底转变农民在农村体育社会结构中所处的低层位置，彻底改变农民体育权力与地位被歧视的环境现状。

（2）体育参与人群。体育参与人群是指经常参加体育活动的人群，以往体育学研究领域习惯称其为体育人口。本研究认为，体育人口是难于统计的模糊概念，而用体育参与人群来描述某地区每周都能参加 3 次以上体育活动的人数比例较为切实可行。《中国大百科全书（体育卷）》指出，实质性体育人口是指直接参加各种身体运动活动每周 3 次以上，每次具有 30 分钟以上参与过程，这是体育人口的最基本特征。其目标是通过有效的身体练习手段，达到有益身体健康，保持稳定的心理状态，提高运动技能的准确性与经济性，促进人的健康发展。与此相对应，体育参与人群是构成体育生态功能体系的核心要素，在体育生态系统中形成主体作用。不同的社会因素、经济基础、职业特点、性别与年龄等因素，都对体育参与人群产生重要影响。目前，我国农村的体育参与

人群数量还未达到现代社会体育群体的基本标准。在体育生态系统中，表现出农村体育参与人群数量较少，质量偏低、零散与无组织的状态。因此，农村体育参与人群的数量与质量是农村体育生态系统能否健康、文明、快速发展的关键因素。

（3）体育手段。体育手段的核心是身体活动，实质上是身体练习或身体运动的具体方法，具有多元化、针对性、个体化的身体练习目标。体育手段具有历史的发展性、传播性、民族性、地区性、继承性等特点，体育手段客观上可以反映社会的文明程度。体育手段在不同国家和不同民族，具有不同特色，与不同民族传统、文化习俗相关。在现代信息化社会中，体育手段传播具有国际化的发展趋势。体育手段的产生与自然、地理、社会、劳动生产环境密切相关。体育手段一般可分为：力量练习类，包括一般力量、辅助力量、专项力量、克服自身体重、克服外部阻力等练习手段；速度练习类，包括反应速度、动作速度、速度耐力等练习手段；耐力练习类，包括有氧运动、运动后的恢复、长距离运动、长时间运动等；灵敏练习类，包括协调性练习、改变体位练习、转换动作练习等；功能恢复类，包括康复练习、矫正练习等。体育手段的评定主要根据动作准确性、协调性、熟练性进行判断。

（4）体育组织。体育组织是指在一定的社会环境中，为实现体育领域的共同目标，按照一定结构形式结合起来，根据特定规则开展体育活动的社会团体。在农村体育生态组织系统中，需要具备一定规范、能够动员、组织与协调农民参与体育活动的自治组织机构。其组织的职能是通过社会化的运作方式，接受农民参与体育活动的系统需求，并根据反馈信息给予相应指导的组织。农村体育组织管理方式有团队管理、群体管理、村组管理、社会管理、政府管理等模式。农村体育组织管理主要体现自发性的特征，完全是一种柔性的体育管理方式。在农村体育生态系统的运行中，体育组织的柔性管理作用能够促进体育人群的增长。农村体育组织的刚性特征，在体育生态系统处于失衡状态时，发挥适宜矫正作用，以维持农村体育生态系统的平衡运行。

2．新型城镇化背景下农村体育的健身性

农村体育的健身性主要着力点在保持广大农民的身体健康，改善与稳定人体新陈代谢的能力，从生理学及生态学角度发挥体育运动的健身功能。

（1）提高中枢系统机能。人体运动的所有活动信息与指令多是由大脑发出。人的大脑约占人体总体重的 2%，但大脑所需的血液供给却占全身的 20% 左右，是肌肉运动工作时 15 倍 ~ 20 倍的血液量。对于体力劳动者，尽管从事各种方式的劳动而消耗体力、消耗能量，其身体也在运动，但由于劳动方式的局限性，机能活动的特点是憋气用力，呼吸急促就容易导致大脑缺氧而供血不足。通过一定方式的体育运动调节，运用自然的运动方式活动身体，一方面能够改善大脑供血、供能、供氧状况，促进大脑神经系统兴奋与抑制的合理节奏，调控兴奋和抑制过程，使运动过程的神经均衡性和灵活性更加协调一致，身体对外界不同程度的刺激反应更加迅速与准确。另一方面运动神经系统分析、贮存、输送与综合能力得到加强，促进有机体系统的整体工作能力提高。

（2）改善村镇居民运动综合能力。人体骨骼系统支撑着身体重量，其变化对人体形态具有十分重要的影响，对人体内脏器官的功能维护、提高劳动能力和运动能力都具有直接的影响。人经常参加体育运动活动，可促使骨密质厚度增加，骨骼变粗变壮，骨骼抗击弯曲、抗击折断、抗击外压的能力提高。人体运动需要不同部位的肌肉工作来完成，肌肉发达而结实能提高生产劳动能力。运动一方面可以增强肌肉的血液循环；另一方面可以增加肌肉内部的营养供给，促使肌肉纤维变粗，有弹性，有更多能量储备，适应生产劳动的需要。健身运动能促进人体内脏器官机能的提高。人体劳动过程中能量消耗增加，新陈代谢旺盛，加速血液循环，但主要从局部体现功能。而呼吸系统、血液循环系统、消化系统、运动系统的综合机能要通过体育运动得到改善。

（3）调节村镇居民心理状态与社会适应能力。经常从事运动实践活动可以调节人的心理和情绪。劳动过程会使人紧张、烦躁，心情不舒畅，精神不愉快，导致意气消沉，从而产生消极情绪。体育运动能改善人的心理状态，保持人的心理健康的稳定性。人在酷暑、严寒、高山、高空等条件下从事劳动活动，需要对外界环境有适应能力。健身运动可以促进人体适应现代工作与生存生活方式的变化，不断地提高劳动工作效率。尽管人体从“胚胎—生长—发育—成熟—衰老—死亡”是自然的、不可变的客观规律。但是，个体的体质健康水平与社会适应能力，可以通过运动实践活动得以加强。

3．新型城镇化背景下农村体育的教育性

新型城镇化背景下发展农村体育离不开教育。县城与县域中心镇应发挥农村地区教育中心的职能，普及体育健康知识。随着农民工返乡率的上升，农村乡镇人口有所增加，一定程度上导致城市“文明病”逐渐向农村蔓延。因此，加强对农民健身健康教育刻不容缓。

（1）发挥学校教育的积极作用。对农民开展健身健康教育，应当依靠学校力量。学校体育师资一般接受过体育专业教育，具备健身理论基础。农民健身教育，如举办健康知识讲座与咨询，开展农民体质健康测试，编写健身健康宣传手册等，都可以由学校负责组织、完成。乡镇所在学校可实施“体育三下乡”、送体育知识与技能进村组、农民健康知识讲座与咨询等活动，开展体育科普宣传教育，使农民懂体育、懂健康、懂健身，自觉地抵制抽烟、酗酒、赌博等不良生活方式，消除农民中未富先病、小富大病等不良状况。指导农民开展有丰富文化内涵的健身方式，开发与利用各种健身资源，全面提升农民的精神风貌和身体素质，是刻不容缓之务。

（2）加强农村体育骨干的培养。对农民开展健身健康教育，文化体育骨干有很大的推动作用。广大农民健康意识、健身意识、运动意识的提高，一方面与客观现实的物质生活条件密切相关；另一方面与自我健康水平以及体育兴趣习惯养成相关。农村体育骨干可以利用自身体育优势与特长，开展村组间的农民辅导与帮助，积极借助扶贫活动等形式，进行广泛的全民健身宣传，以增强农民参与体育健身的意识。通过组织农民健身实践活动，可以调动农民参与全民健身的积极性。创设适合各地实际，适应农民年龄特点、性别特征以及体现民风民俗的健身项目，带动和吸引广大农民参与科学健身实践活动。

（3）强化农民健身的自我教育。新型城镇化建设背景下，各级政府惠农政策实施，给广大农民带来富裕、便利、休闲的生活态势。由于生活方式的休闲娱乐化，不可避免地产生新型城镇化生活中经常出现的肥胖症、心脑血管疾病、糖尿病、高血压、高血脂、恶性肿瘤、精神疾患等类病症。因此，营造积极良好的农民健身氛围十分重要。要强化农民健康知识教育，指导农民运用运动项目、体能测试与评价手段科学健身，引导农民改善生活娱乐方式，形成全民健身的良好氛围和优良风尚。让广大农民真正体验到全民健身乐在自我、享受自我、健美自我、运动自我、健康自我，给农民自我健身过程带来显现的诸多益处。

（二）新型城镇化背景下农村体育的社会文化特征

1. 新型城镇化背景下农村体育的社会性

农村体育社会化发展趋势是社会主义市场经济发展过程中的必然要求，是社会生产力提高到特定阶段的结果。现代体育运动已经深入农村社会的各个阶层以及个体与家庭之中。社会主义市场经济的快速发展，促进了社会生产力的进步，加快了人们物质生活条件好转，尤其是让农村得到了从贫困状态向生活富裕状态的转变。广大村镇居民在享受生活质量提高的同时，也要面对新型城镇化与农村经济发展所带来的社会生活方式的转变。

（1）农村社会集体发展的需要。农村社会集体是发挥一定社会职能，完成特定社会发展目标，并按照一定的形式建立共同生存与活动的群体。农村在社会集体结构上具有单向性，主要按习俗组织活动，而法定组织活动较少，在社会职能分工方面不够明确。随着农村社会集体的演变，其组织形式、组织结构和系统功能发生了复杂的变化。农村社会集体成员的素质对提高农村社会群体经济产生的市场化竞争力具有独特的效能。新型城镇化发展过程中，需要利用体育手段与方法培养农村社会集体的凝聚力、吸引力和感召力，积极探索农村社会集体体育服务，共同开发农村体育资源，促进农村体育事业发展。

（2）农民个体发展的需要。农村体育的根本目标是提高农民群体全面发展的素质。农民通过各种体育活动、各类运动竞赛，培养自我竞争意识、自我创新意识、协作精神以及爱国热情，使农民个体成为一个个生动的社会角色，激发他们参与体育的主观能动性，以饱满的热情为自我发展投入农村体育行列。农村体育社会化与新型城镇化建设应该同步发展，体育活动要成为村镇居民日常生活的一部分，丰富业余体育文化生活。农民个体要采取切实行动，提高自我体育意识、自我体育行为与自我体育习惯，促使农民在自主性的各项体育活动中体验自我的生存价值。

（3）农村新型城镇化发展的需要。当前，农村新型城镇化对体育发展的要求越来越高。新农村城镇化建设的深入，农村经济、文化和科技的快速发展，给农村城镇化提供新的发展机遇。通过实施新农村全民健身工程，丰富农民的业余体育生活，优化农民的体育生活方式，建立和形成社会主义农村体育新风尚。农村体育是农村城镇化过程中的显性标志之一，如体育基础设施数量与开放程度、举办农民体育健身技术培训班、组织农民体育竞赛活动、兴办农村体育经营服务产业、运用现代媒体及体育场馆和文化馆（站）宣传设施，宣传体育在农村城镇化发展中的地位与作用，广泛地组织具有农村特点的群众性体育锻炼与竞赛活动，全民提升农民的体育欣赏及参与层次，有助于又好又快地推动我国农村体育事业和“两个文明”建设。

2．新型城镇化背景下农村体育的文化性

农村体育文化所展现的是农村文化现代化的发展趋势。加快农村体育文化建设实现可持续发展是新型城镇化建设中文化发展的重要内容。

（1）农村体育文化建设的价值。培育新型农民的重要基石是加强农村体育文化建设，体现“以农民为本”的科学指导思想，从根本上把有效地推动农民个体的综合发展放在首位。当农村体育文化建设成为文化建设的实际命题时，必然要以和谐文化与先进文化发展观的核心价值体系作为认知基础。农村体育文化特质反映，必须快速推进我国城乡间经济、社会、文化、体育之间的协同发展。农村体育文化建设要与农村民间、民俗、民族文化传统相协调；与农村原生态的、固有的价值体系相融洽；与不同区域农村地理环境、气候特征相和谐；与农村产业经济发展程度相匹配；与农村传统体育文化形态一致；与农村节日庆典体育共生；与小城镇体育发展相互交融；与农村学校体育相互促进。农村体育文化建设要遵循体育事业与文化事业发展的规律，充分体现农村体育事业的文化和谐价值。

（2）农村体育文化建设的内容。农村体育文化建设中可以显现的有利条件是现代农民的自身需求。第一，要通过保护民间体育非物质文化遗产，培养民族体育和民俗体育的传承人，保护、挖掘、拓展、创新农村“原生态”体育。第二，保护农村现有的自然体育生态环境，适度开发和合理利用农村自然资源与空间，利用生态的山地、湖泊与森林植被，建设田园式自然活动场所，并大力推广“生态度假旅游”“生态休闲农庄”“农业生态体育游”“农村徒步越野游”“户外运动与训练”“定向越野运动”“自然极限运动”等。第三，加强农村文化体育人力资源开发与利用，培养农村体育文化表演人才、社会体育指导人才与农村体育产业人才队伍。

（3）农村体育文化建设的主体。新农村建设最高的价值目标是农民的生存与发展，这是实践科学发展观的内在要求。农村体育文化建设是提高亿万名农民文化素养的基本路径。切实保证农村利益主体享受改革开放的和谐成果；切实改善农民体育文化生活环境；切实提高农民的体育道德素质与体育科学文化素质。因为农民才是真正的农村体育文化发展主体，是建设社会主义新农村的根本力量，是新农村民族体育文化的践行者。农民道德素质、科学素质、文化素质、体育素质的高低，是推动农村新型城镇化建设的重要因素。

3．新型城镇化背景下农村体育的民族性

民族传统体育文化是农村体育发展的重要基石。农村体育文化的传承与进步离不开民族传统体育文化的动力作用。农村民族传统体育具有广泛的群众基础，是民族文化、民族团结、民族经济的有效载体。

（1）新型城镇化建设中的民族体育价值。体育的民族性内质主要有：民族体育体制、组织、传播、范式、技能、演练、理论、传统习俗等。应在新型城镇化背景下农村民族体育文化建设过程中，创新开发民族体育的价值体系。第一，教育价值。由于历史的原因导致农民的基本生活水平偏低，文化程度、文明习惯、生活方式有待全面提升。农村民族体育项目具有较高的参与度，可利用农闲季节、节假日、民族传统节日开展具有地方特色的民族体育活动，并对农民进行传统体育文化教育，有利于移风易俗，丰富农民文化生活，促进农村的和谐与稳定。第二，经济价值。农村组织民族体育竞赛活动，开发与民族体育相关的旅游业，将原来封闭的山乡村镇与外界相通，能够显示民族体育对农村经济发展的推动作用。第三，文化价值。农村民族体育文化既蕴含着显性的物质文化，又体现在内隐的精神文化方面。

（2）新农村体育建设中的民族体育内容。农村民族传统体育主要来源于生产劳动和生活实践。农民在长期的生产劳动中积累了十分丰富的运动形式，创造了不同内容、不同民族、不同种类的民族传统体育，形成了具有中国民族特色的传统体育文化。如蒙古族的那达慕、侗族的三月三、朝鲜族的荡秋千与踏板等。我国十分重视农村民族体育的发展，其中典型民族体育项目经过改造、加工、整理，现已成为各民族广泛开展的运动项目，如我国传统的民族体育项目——武术、太极拳等。

（3）新农村文化建设对民族体育文化的促进。新农村文化建设是社会进步的有效策略和优化方法。民族传统体育是农村传统思想文化与实践文化的组成部分，来源于农民，也应该服务于农民。在新农村文化建设的过程中，不断地加强对民族传统体育项目的传承、挖掘、改造、移植、整理和推广，不仅传承优秀民族文化传统，而且创新与发展属于世界的优秀体育文化。农村新型城镇化建设将会对振兴民族传统体育起着积极作用，努力开发与利用民族传统体育文化资源，弘扬民族体育精神，切实加强与提高农村体育文化建设的广度与深度，逐步实现农村体育文化生活化，带动新农村文化建设更好地发展，形成农村新型城镇化建设与民族传统体育相辅相成、相得益彰的新格局。

（三）新型城镇化背景下农村体育的科技产业特征

1. 新型城镇化发展中农村体育的经济性

农村经济的快速、健康、可持续发展是全面建成小康社会，提升乡镇居民幸福指数的基础。新农村城镇化建设中，体育有助于搭建农村经济发展的有效平台。

（1）农村经济的快速发展是基础。“提高农民人均收入水平，大力提高农村人均消费水平，基本消除农村地区贫困现象”是党的新农村经济发展的宏大目标。这一目标的确定是实施“农民体育健身工程”的动力基础。对农民体育健身工程起决定性作用的因素是农村经济发展水平。农村经济效益制约着农民参与体育健身活动的主动性。一般情况下，农民体育需求与所处经济状况成正相关，如果农民缺少正常的经济收入，农民体育健身消费的水平就很低，对参与体育健身活动的期望值与可能性也随之降低。当前农民实际生活状况是由温饱向小康水平逐步过渡的初级阶段，因此，提高农民的经济收入是实施农民体育健身工程的关键环节。必须花大力气发展农村经济，努力为实施农民体育健身工程奠定牢固的物质基础。

（2）构建农村公共体育服务体系。中共中央、国务院《关于进一步加强和改进新时期体育工作的意见》中指出：“大力推进全民健身计划，构建多元化体育服务体系”。构建农村体育服务体系是各级政府在改善农村体育基本设施的条件之下，以向广大农民提供不同类别的公共体育“产品”，并结合市场化运作而构筑的社会化体育服务体系。提供农村公共体育服务的主体对象是亿万名农民。村委会作为政府的基层机构，是发展农村体育的首要责任人。构建农村公共体育服务平台是引导农民享受体育活动权益的最佳通道。通过农村体育政策法规的导向，政府体育资金的投入与保障，改善体育基本物质条件，由农村体育组织网络发挥功能，经过农村体育人力资源的主体作用，构建体育信息平台、体育服务内容和农民体质健康监测等体系，具体落实在“农民体育健身工程”与“全民健身路径”等实施领域。这对农村公共体育服务体系的不断改进与完善，对农村健身环境改善并得到亿万名农民的认可，保障农民的基本体育权益，加快农村经济、社会、文化和体育的协调、可持续发展具有十分重要的社会作用。

2. 新型城镇化发展中农村体育的科学性

新型城镇化发展中农村体育的科学性是指以科学技术力量为支撑，为农村体育发展服务。农村体育科技工作必须面向村镇居民体育运动实践，农村体育工作必须依靠体育科技进步。

（1）加强体育科普宣传。农民的科学健身意识应该表现在依据体育兴趣爱好、身体素质差异、健身习惯，选择适合自我需要的、多样化的运动方式。要通过加强体育科普宣传工作，增强农民的科学健身意识。可以利用广播、电视媒体开设科学健身专题讲座与运动实践指导，每天定时播出，专家讲授与科学健身实践指导相结合，解答农民在健身活动中需要解决的各种问题。可以利用地方报刊宣传体育科普常识；乡镇村组可以设立体育科普专栏，让更多的农民知晓、掌握和应用科学锻炼身体的知识技能；体育部门发行体育科普宣传手册，多介绍适合农村组织开展的体育活动；在村镇社区和健身场所，定期开展体育科技咨询活动；组织专家与志愿者深入村镇宣传科学健身的方法。

（2）加强国民科学健身指导。第十二次中国公民科学素质抽样调查结果显示，我国公民科学素质水平持续快速提升，2022 年我国公民具备科学素质的比例达 12.93%，比 2020 年的 10.56% 提高了 2.37 个百分点。现代农村生活水平的提高，促使农民的健康意识明显进步。因此，农村体育工作应在科学组织全民健身活动的基础上，加强科学健身的指导。一方面，积极研制适合农民特点的运动健身器材，加大体育科技成果转化实践的力度，为增强农民体质和健康水平创造积极、有效的条件；另一方面，指导农民掌握科学运动的设计与实施，如运动方式选择、运动时间、运动强度、运动环境等。促使农民体验科学锻炼的方式，每次锻炼运动负荷的调节与控制方法。帮助与指导农民克服无目的锻炼、盲目学练等不良的锻炼方式，让农民在自我锻炼实践中体会到科学方法的指导作用。

（3）引入科学健康测试方式。国民体质健康测试可以判断个人身体形态、身体机能、身体素质等指标的基本状况。如身高、体重、胸围、肺活量、血压、骨密度、握力、背肌力、反应力、坐位体前屈、台阶试验等。通过体质健康测试获得有关自我健康方面信息，从人体的力量、灵敏、柔韧与耐力素质等方面得知应该如何加强锻炼。农民定期进行体质检测是掌握自我健康状况最简易、快捷、准确的方式。广大农民对“体育三下乡”、实施农民健身工程中科学的体质健康检测服务十分欢迎，表现为争相测试、寻求解疑、接受指导。农村体育的发展，应充分利用国民体质健康监测平台的作用，服务于村镇全民健身运动。

二、新型城镇化背景下农村体育发展形态

新型城镇化背景下农村体育的发展形态呈现多元化的形态。不同地区与不同民族所在农村区域，其体育发展形态具有一定的差异性。目前，农村体育的发展形态大致可分为三个层次，第一层次是小城镇体育发展形态；第二层次是乡镇体育发展形态；第三层次是具体的体育特色项目发展形态。不同层次体育发展形态具有自身的发展特点与基本规律，不同层次之间存在相互作用与相互支撑的协调关系。因此，分析与研究新型城镇化背景下农村体育发展形态，有助于探索农村体育发展路径。

（一）新型城镇化背景下小城镇体育的发展形态

新型城镇化背景下小城镇体育的发展形态是农村体育现代化发展的必然反映。从城

镇化建设的视角，直面农村小城镇体育发展过程，深刻地展现小城镇经济社会发展规模与层次对体育发展的决定性作用。小城镇体育作为农村体育发展的一种重要形态，随着城镇化进程的加快，将在小城镇的政治与经济、教育与科技、文化与生活的影响之下，不断地优化与完善其形态结构与功能。面对小城镇社会经济结构的优化与时空拓展，小城镇体育将以可持续发展的格局，为实现农村新型城镇化的整体推进产生积极的影响。

1．小城镇体育形态推动农村体育发展的依据

（1）初级阶段发展理论。农村社会生产力相对滞后的现实与农民物质文化需求之间存在一定的矛盾，而解决这一矛盾是一个长期且复杂的过程。改革开放以来，我国农村体育得到了快速的发展，广大农民对体育的需求在逐步增加。但由于社会发展不平衡状态的影响，地域差异等客观因素干预，我国农村体育发展有待提速。小城镇体育发展规模、层次与质量与其他事业相比差距较大。因此，坚持初级阶段发展理论，对引领小城镇体育发展具有关键作用。

（2）地方经济发展水平。地方经济发展水平客观上制约着小城镇的社会发展，同时对小城镇体育的可持续发展过程产生决定性的影响。地方经济是国民经济的基石，小城镇经济发展离不开地方经济支撑。因此，小城镇体育改革与发展目标必须根据地方社会经济发展的现实状况来确定。实践证明，地方经济发展程度与小城镇体育发展之间存在密切的关联与“正相关”。小城镇经济多元结构功能的发挥，将会加快小城镇体育发展的现代化。

（3）全民健身发展需要。建立全民健身体系是建设小康社会的重要组成部分。全民健身均衡发展的关键在农村，全面推进农村全民健身工程离不开小城镇的综合作用。组织小城镇居民开展全民健身活动，一方面促使居民积极地参与有益于健康的健身活动，增强体质，提高身心发展水平；另一方面有利于带动临近村镇人群加入健身活动的行列。因此，发展小城镇体育既能实现村镇体育人群的增长，又能推动小城镇社会体育的整体发展。

（4）提升乡镇人群整体素质。小城镇是城乡剩余劳动力可选择的就业市场，也是农民选择居住地的重要选项。小城镇人口数量随着人的“跨区移住”呈逐年上升趋势，人口结构变得具有复合性。小城镇外来人口的急剧增加，其综合素质存在不平衡的状况。因此，通过开展小城镇体育文化活动，有助于培养人们健康文明的行为方式，树立人本化的体育价值观念，提高人们的体育文化素养与综合素质，全方位地促进小城镇体育公共服务逐步向周边村组延伸。

（5）小城镇发展的区位动力。小城镇从地域上可认定为农村的“集散地”，是城市与农村连接的“中间点”，小城镇与农村的关系十分紧密。小城镇处于一定范围农村区域的中心，一方面能够快速接受城市各类信息，为带动小城镇经济社会发展服务；另一方面能够将社会经济信息转发到周边村组，让广大农民受益。因此，发展小城镇体育能够为城镇体育文化转向农村提供有效的“链接”，为亿万名农民接受体育、认知体育、参与体育发挥动力作用。

（6）新型城镇化发展需要。加快农村新型城镇化建设，推动城市与小城镇协调发展的进程是国家发展战略。小城镇发展的类型主要有附属城市型，即离大中型城市较近的小城镇；人文地理型，即具有历史文化资源的小城镇；民族产业型，即具有地方名特优产品的小城镇；服务“三农”型，即利用地理优势提供农业服务的小城镇；工矿发展型，即具有矿产资源或工业基础的小城镇。因此，发展小城镇体育必须依据小城镇自身特点与优势以及新型城镇化发展需要，确定小城镇体育发展的目标。

2．我国小城镇体育发展的主要特征

（1）阶段性。小城镇体育发展与小城镇的综合发展是紧密相关的。我国小城镇的发展历经了初始发展、快速发展与稳步发展三个阶段，各个不同发展阶段都具有与时代背景和社会发展条件相适应的不同层次建设目标。在不同的发展阶段，小城镇体育也得到了相应的发展。如在“十二五”稳步发展阶段，对小城镇住宅工程规定必须要建设居民体育设施，而这一要求在小城镇初始发展阶段是缺失的。这就说明小城镇体育与小城镇发展的不同历史阶段具有对应关系，也证实了小城镇的发展历程中不应缺少体育的内容。

（2）导向性。小城镇发展是将农村人口逐步转移为城镇人口，或者通过就地城镇化，让亿万名农民享受改革开放带来的成果，进入健康文明生活圈，从现代社会文明中，体验农业农动者的社会价值，体验城镇生活的幸福感。小城镇体育的发展方向与小城镇发展方向是一致的，其服务的对象是小城镇居民与周边村组农民。要为农民参与体育活动、保持健康的身心状态，创造更为有利的条件，不断地满足农民对科学健身的需求，促进小城镇人群的体育人文素养的提升。

（3）特色性。我国具有历史文化底蕴的小城镇众多，覆盖每个省份，不同地区、不同民族的小城镇各具特色。因此，小城镇现代化建设过程中，必须保护小城镇文化生态资源，对遭受不同程度破坏的历史遗址与文化遗产要创造条件加以恢复。这些文化小城镇的体育形态与方式要体现其文化特色，避免以竞技体育代替地方与民间体育的现象。要把地方特色的体育项目在保持原有生态文化特征的基础上，加以改造与创新，生成广大村镇居民乐于接受的、便于推广的运动健身手段。

（4）广泛性。随着我国小城镇的发展规模不断扩大，人口数量不断增加，给小城镇体育发展带来新的契机。小城镇体育发展离不开村组基础作用，村组体育的对象是农民，由此，小城镇体育的内质就是关注亿万名农民的健身与健康问题。要从基层村组体育工作开始做起，通过小城镇的集聚作用，利用小城镇体育的辐射力量，进一步创新农村体育工作机制，借助小城镇社会体育服务平台，有效地推进亿万名农民健身工程的深入开展。

3．**小城镇体育发展的策略**

（1）强化政府工作职能。小城镇体育发展之关键在于县镇两级政府。首先，政府主要领导者应该正确认识小城镇体育发展对农村物质文明与精神文明建设的对应关系，正确认识小城镇体育对地方社会经济发展的重要作用。其次，县镇两级政府要根据国家相关政策并结合本地区实际，制定有利于小城镇体育发展的各项政策及制度，对实施的过程进行监督与管理。最后，县镇两级政府要在本地区发展规划中，将发展小城镇与村组体育纳入其中，并分步实施。只有在县镇两级政府的主导下，小城镇体育才能得到健康、有序、快速的发展。

（2）构建全民健身体系。全面贯彻《全民健身条例》是发展小城镇体育、构建全民健身体系的主要支撑动力源。小城镇全民健身体系主要包括组织网络、项目推广、健身场所、健身表演、运动竞赛、人力资源、管理机制等。因此，要调动小城镇各方面的积极性，支撑小城镇全民健身工程的实施，加强社区与村组的协调工作，开展地方特色的体育传统项目，引进人们健身需要的各类体育活动，不断地创新小城镇全民健身体系的组织、内容、方法与评价。

（3）继承体育传统文化。体育与文化之间存在相互渗透与相互融合的关联。民族传统体育文化具有历史的传承价值。小城镇在现代化的发展进程中，社会体育文化的发展速度较快，其中不可避免地要吸收外来体育文化，尤其是西方经济发达国家的体育文化，这就存在着东西方不同体育文化的冲突问题。如何合理地接受外来体育文化，前提是在继承体育传统文化的基础上，接纳外来体育文化体系中的有益成分，如体育道德精神等。小城镇体育文化建设的重点在于继承与创新体育传统文化，构建具有中国特色的小城镇体育文化体系。

（4）推动体育经济发展。小城镇是我国农村经济发展的基础。小城镇的传统支柱产业在市场经济发展中，面临结构调整、产业升级、转型发展等问题。这些问题的解决需要转变小城镇传统支柱产业的经济发展方式。随着小城镇经济发展方式的集约化趋势逐步上升，发展体育经济寻求新的经济“增长极”已经成为现实可能。小城镇体育经济发展的方式有：体育用品制造业、体育竞赛表演业、体育生态旅游业、体育健身服务业、体育文化创意业、体育技能培训业等。因此，小城镇依据实际条件合理选择体育经济增长方式，将有利于带动小城镇经济发展。

（5）投入机制的多元化。小城市体育的发展要从地方政府“包揽”的现状转向社会多元参与的新格局。地方县镇两级政府应该是小城镇体育发展的主要推动者，但单方面靠政府的投入是远远不够的，县镇两级政府投资能力是有限的。因此，小城镇体育发展的投入机制应该走多元化的道路，调动社会各方面的积极性，如引进外资、多方合资、本地企业投入、跨地区投入、个体投入、社会团体投入等，形成小城镇体育发展投入机制的多元化新格局。

（6）加强理论基础研究。小城镇体育在我国农村体育事业整体发展中占有十分重要的地位与功能。目前，体育理论界对小城镇体育改革与发展的研究逐步重视，但仍落后于其他学科对小城镇的发展研究。当前，小城镇体育研究成果定性研究多，描述性研究多，实证研究较少，研究内容多在表层，不够深入。因此，必须以科学发展观为指导，坚持马克思主义中国化的科学理论与方法，运用实证研究方法，深入小城镇与村组进行调查研究，实事求是地反映小城镇体育发展的现状，并根据现状系统地进行分析。同时借助其他学科的理论与方法，以提升研究层次。

（二）新型城镇化背景下乡镇企业职工体育的发展形态

1. 开展农村乡镇企业职工体育的价值

（1）提高农村乡镇生产力发展水准。体育作为农村乡镇企业管理组织的一种重要辅助手段，它在提高乡镇企业生产力发展水准方面有着不可替代的作用。比如促进农村乡镇企业人员的合作意识，提高企业发展动力等。首先，体育不仅能培育农村企业团队精神，维持农村企业人员的良好精神状态，还能培养主体责任意识，将企业团体利益放在第一位，树立“企业兴旺我光荣，企业衰落我耻辱”的荣辱感，着力增强企业小群体与大群体的凝聚力量。其次，企业体育能促使全体员工遵守企业规章制度，热爱自己的企业，为企业奉献自己的力量，而不会损坏本企业团体的利益，使个体与群体利益最大化。农村企业职工通过体育活动能够改善个体的身体机能，提高适应工作的能力，减少职业病与常见病的发生，这既能保证职工健康为企业工作，又能为农村企业节约医疗费用。最后，改善农村企业人际关系，使职工和睦相处，促使企业内部不同岗位、不同职责的员工融合到一起。

（2）传承农村乡镇企业文化。农村乡镇企业文化一般是乡镇企业在发展过程中，根据企业的特色与社会影响力而长期生成的共同目标、价值观念、企业风格、生活方式和行为规范的总称，是乡镇企业在市场化发展与经营管理过程中所创造的、独特的企业特色文化。体育文化客观上是企业文化的重要范畴，企业体育既具有独特的文化产品特征与形态，又是文化服务的一种基本方式。农村乡镇企业文化的发展体现了员工的主观能动性和创新性，是企业文化建设的核心，对企业在未来竞争与发展中具有重要的推动价值。企业体育文化所体现的“公平、公正、公开”的理论观念，人的全面发展、和谐发展理念，人与企业和谐相处的理念，对构建企业和谐体育文化有着重要的意义。企业每一次体育活动的组织、开展过程中，其每一个环节都蕴含着企业的体育文化，包括场地的布置、主题概念的设计。传承企业体育文化是一个漫长的过程，在这个过程中，需确立员工之间互信、互爱、互动的团体意识，发扬员工团结、和睦、互助、竞争的风格传统，企业主动通过鼓励、激励、对话、交流、参与的方法来扭转企业各种关系的失衡状态，让和谐的企业体育文化源远流长。

（3）农村乡镇企业品牌战略支撑。世界经济的一体化发展，促使农村乡镇企业品牌也必须具有国际化的视野。农村乡镇企业要在全国，甚至在世界范围内取得较高的知名度，体育无疑是其较好的宣传手段。农村乡镇企业品牌战略支撑主要体现在农村乡镇企业发展过程中，品牌产品依靠体育手段进入市场，依靠体育形式宣传品牌产品，依靠体育方法提高品牌产品的公众知晓度，依靠体育策划连接品牌产品与市场发展的关系。这种支撑关系可以是直接的，也可以是间接的。体育对农村乡镇企业品牌战略的支撑作用可以是显性的，也可以是隐性的。

（4）拓展农村乡镇企业与社会关联。农村乡镇企业存在于社会中，就一定要与自身企业以外的社会群体接触，通过多种交往方式实现利益互换。首先，农村乡镇企业通过体育竞赛或体育活动的开展，挖掘潜在的投资人，也可以加强与投资人的联系和信息交流，从而获得更多投资。其次，增强与供货商的接洽。供货商是在企业之间，企业与销售之间担当中介的角色，能够为农村各种企业提供可合作的竞争对手，传输企业以及更为广泛的商界内部信息。最后，企业与自然环境具有相互依存的关联，农村乡镇企业认真贯彻科学发展观，加快企业结构调整，做到绿色生产、可持续发展，避免生态环境遭到破坏。

2. 农村乡镇企业职工体育组织方式的缺陷

（1）理念的问题。随着现代农村乡镇企业制度的建立，农村乡镇企业改革不断深入，农村乡镇企业职工中青年人群占主体地位。青年职工人群的增加，对农村乡镇企业精神文化生活的需求也相应增加，青年职工的体育文化需求比以前更加明确，参与体育文化活动的意识显著加强，对体育文化活动呈现求异、求美、求新的倾向。但是，部分农村乡镇企业的管理者对开展企业文化活动缺乏深刻的认知，认为职工就是农村乡镇企业的劳动力，职工的主要任务是生产，而职工的体育锻炼是个人的事，与农村乡镇企业没有关系。由于有些农村乡镇企业管理者对体育认知水平偏低，客观上导致农村乡镇企业体育缺乏正确理念的指导与扶持，影响了职工体育的开展。

（2）经费的问题。市场经济条件下，农村乡镇企业经济效益主要来源于企业生产经营的收入。很多农村乡镇企业为获得更多利益，致使企业管理过程中偏重生产，注重经济，而忽视了职工体育健康。主要表现为农村乡镇企业职工体育经费投入严重不足，制约职工体育的开展与普及。客观上，农村乡镇企业资金总量有限，主要用于一线生产，如产品开发、市场营销、职工福利等方面。农村乡镇企业群体大多以民营企业为主，由于企业经费列支渠道的不断增加，导致职工体育客观上存在经费投入偏少、比例失调的现象。尽管农村个别乡镇企业在体育竞赛上有所投入，运动代表队为企业品牌的社会宣传做了大量工作，收到了一定的效果，给企业增加了知名度与信誉度。但是，大部分乡镇企业管理者忽视对职工体质健康的投入，无疑会对企业劳动力的质量与效益带来一定的负面影响。

（3）内容的问题。目前，我国农村乡镇企业职工体育，由于人员与条件所限，内容相对单一，主要活动项目大都是竞技体育内容，而竞技体育在农村乡镇企业中推广还是有一定难度的。首先，竞技体育动作技术难度较大，动作复杂，参赛人员少，不易普及。因此，在农村乡镇企业开展竞技体育与职工体育基础不相对应。其次，农村乡镇企业不具备开展竞技体育的各种必要条件。农村乡镇企业由于经费短缺，导致场馆设施不够完善，专业指导缺乏，即使能组织竞技比赛，比赛规格也达不到要求。最后，尽管农村乡镇企业组织成立了各种代表队，但这种代表队只是由少数职工组成，并不能代表整个农村乡镇企业职工的体质健康水平。所以农村乡镇企业开展体育活动，必须与本企业职工的特点、本企业的文化特点相结合。因此，农村乡镇企业将竞技体育当作职工体育的重要内容，不利于职工体育健康发展。

3．农村乡镇企业职工体育组织方式的实施

（1）将职工体育纳入农村乡镇农村乡镇企业发展战略。农村乡镇企业制定发展战略是农村乡镇企业可持续发展的重中之重，在农村乡镇企业发展战略中必须把农村乡镇企业职工体育作为一项重要的内容。因为农村乡镇企业的主人是农村乡镇企业职工群体，农村乡镇企业职工群体的体质健康状况客观上决定农村乡镇企业发展的速度和农村乡镇企业效益。农村乡镇企业在制定发展规划时，要把职工体质健康水平的保持与提升作为工作的重点。

在市场经济条件下，大部分农村乡镇企业领导在制定农村乡镇企业发展战略时只注重经济利益，忽略职工健康。农村乡镇企业领导应转变思想观念，将农村乡镇企业职工的健康放在农村乡镇企业发展的重要位置，职工健康状况良好，才有可能为农村乡镇企业创造出更多的经济效益。农村乡镇农村乡镇企业可以通过对职工进行定期的体质健康检测，根据检测结果确定其职工体育组织方式，科学选择职工体育活动项目，有针对性地组织农村乡镇企业职工体育锻炼，使农村乡镇企业职工体育的发展有战略、有组织、有目标、有实施。

（2）农村乡镇企业体育文化特色的构建。构建农村乡镇企业体育文化特色是一项复杂的系统工程。要形成高品位、高质量、独特的农村乡镇企业体育文化特色，应以企业的经营理念为指导，与企业精神相呼应，构建具有特色的农村乡镇企业体育文化。农村乡镇企业体育需要多元化发展，但要突出农村乡镇企业的特色，整个农村乡镇企业要达成重视企业特色体育文化的共识。创新农村乡镇企业特色体育文化要注重理论与实践相结合；注重体育理念的创新和体育方法的创新。在特色体育文化构建过程中，注意个性与共性的结合，此外，还应注重方法的灵活性与创新性。

（3）农村乡镇企业职工素质的提升。企业竞争力的提高离不开现代科技，现代科技的应用离不开员工素质。随着现代科技应用领域的广泛拓展，农村乡镇企业职工素质已成为现代农村乡镇企业保持竞争力的关键因素。转变农村乡镇企业管理者的思维方式，对农村乡镇企业职工素质的提升具有基础性的作用。农村乡镇企业发展要以职工体质优先；农村乡镇企业竞争要以职工素质为本。农村乡镇企业要把提高企业职工素质作为内涵发展的重要举措。通过组织企业职工开展健身知识学习、运动技能实践、工间体育活动、节假日体育竞赛等途径，营造企业体育运动、提高身心健康的氛围。农村乡镇企业应实施适合职工特点的体育内容，探究合理有效的组织形式和手段。

4．农村乡镇企业职工体育发展的多元关系

（1）生产与锻炼。农村乡镇企业职工体育在发展过程中，要正确处理好生产与锻炼的关系。农村乡镇企业领导可以通过组织农村乡镇企业职工健康知识讲座、社会健身指导等手段，改变农村乡镇企业职工对待体育锻炼的保守观念，使农村乡镇企业职工懂得体育锻炼的价值及合理的锻炼时间。农村乡镇企业职工在保证工作质量的同时，利用业余时间参与体育锻炼，养成良好的锻炼习惯，不断提升自身的素质，保持健康的体魄，积极参与农村乡镇企业组织的各项体育活动。农村乡镇企业职工要摒弃生产就是锻炼、身体劳动就是锻炼、体力付出就是锻炼等不正确观念，通过参加体育活动来提高自己的体能和身体素质，以健康的体魄和饱满的精神投身于生产过程中。

（2）锻炼与竞赛。农村乡镇企业职工体育在发展过程中，要正确处理好体育锻炼与竞赛的关系。农村乡镇企业不能以竞赛代替锻炼，也不能以少数人的体育代替大多数人的体育，农村乡镇企业应该从全体农村乡镇企业职工的利益出发，以体育锻炼为主，以增强全体农村乡镇企业职工的身心素质为主要任务，积极宣传，引导职工参与体育锻炼。在制定农村乡镇企业职工体育发展战略时，应该以各代表队为切入点，推进农村乡镇企业职工体育的开展，提高全体农村乡镇企业职工的身心素质。农村乡镇企业职工体育的主导方向是关注农村乡镇企业职工的身心健康，要通过开展丰富多彩的职业技能锻炼与体育竞赛活动，发展农村乡镇企业职工体育。

（3）农村乡镇企业与社会。农村乡镇农村乡镇企业职工体育在发展过程中，要正确处理好农村乡镇企业与社会的关系。农村乡镇企业存在社会之中，就不可避免地与社会产生千丝万缕的联系，这就要求农村乡镇企业在职工体育发展过程中，应该全面贯彻全民健身计划，把农村乡镇企业的职工体育纳入推进与贯彻《全民健身条例》之中。农村乡镇企业要根据自身的情况积极参与社会体育的各项活动，如各种体育活动的广场表演、农村乡镇企业主管部门开展的体育竞赛活动、节假日期间的体育表演活动，并且从各项社会体育活动中，汲取优点，去其糟粕，将学习到的精华部分运用到本农村乡镇企业的体育发展规划中，使农村乡镇企业职工体育在正确的轨道中运行。农村乡镇企业要为社会体育的发展做出贡献，社会体育的发展也会成为农村乡镇企业职工体育发展的推动力。

职工是农村乡镇企业的主体，农村乡镇企业生产力的发展在一定程度上取决于职工的身心健康。因此，农村乡镇企业职工体育要在农村现代企业制度的引领下，以服务职工、关爱职工、培养职工为主要任务，培育农村乡镇企业体育文化精神，塑造农村乡镇企业良好形象，全面提高农村乡镇企业职工体育素质。

（三）新型城镇化背景下农村体育典型项目发展形态——以游泳项目为例

1．乡镇发展游泳项目的理论依据

（1）生活性。体育社会化服务以适应不同人群的体育需求意向为逻辑起点，是发展农村社会体育不可或缺的基础。体育的社会化服务主要功能就在于以人为中心，把提高乡镇居民的生活质量和福利考虑在先，满足乡镇居民的体育生活化需求。目前，乡镇的体育服务业发展比较缓慢，而游泳池建设的社会化服务能带动乡镇体育服务业的发展，将游泳这个项目常态化、生活化，成为乡镇居民的一种健康生活方式。健康生活方式的核心是养成具有长期性、持久性、良好的体育生活习惯。乡镇居民一般都依据个体或家庭的实际，选择制订临时的健康计划，靠个体的毅力与调节能力自觉地执行，由于一般运动项目较枯燥且难坚持，很多人通常半途而废。游泳项目运动的生活化特点决定了其生活性的作用与功效，是乡镇居民健康生活方式中可以作为首选的健身项目，能够促使健康生活方式的养成，乡镇生活也由此更加丰富。

（2）发展性。构建体育公共服务体系是落实科学发展观、提高人民生活水平、满足群众需求的重要举措。科学发展观提出，要求坚持以人为本，把人的全面发展作为根本目标。目前，乡镇体育公共服务配置不均衡，区域差距较大。依据新型城镇化建设目标，确立乡镇体育公共服务的内涵，建立体育公共服务体系，创新体育公共服务运行机制，是科学发展观在体育社会化服务领域的实践。不同的乡镇应根据自身特点与条件，开展不同模式的公共体育服务。对游泳条件尚不健全的乡镇，通过改善乡镇现有的服务设施，加大对游泳项目的投资，改善人们的生活体育设施，逐步实现体育服务业集结，着力打造乡镇体育生活圈，满足乡镇居民多样化、个性化的体育消费需求。游泳的社会化服务应该走在前面，因此，乡镇游泳场馆建设与服务有很大的发展空间。

（3）经济性。随着新型城镇化建设加快，乡镇居民体育需求不断增长，给体育类消费项目经营带来了巨大的商机，也为乡镇经济增长形式提供了舞台。游泳馆或游泳池建设的经济效益很可观，可开展游泳健身、技能学习、水上表演、各类游泳竞赛等，因此，乡镇游泳服务行业存在较大发展空间和经济潜力。

（4）竞技性。竞技体育具有较高的观赏价值，在乡镇为了丰富人们的生活文化，也需要类似的竞技性比赛，这样的比赛不仅可以丰富人们的生活，也可以铺垫竞技体育的

基础。因此，在乡镇开展游泳竞赛，对竞技游泳的未来发展意义重大。随着新型城镇化建设以及人们生活水平的提高，农村发达乡镇也可以举办一些竞技性的游泳比赛，通过比赛来丰富乡镇文化生活、繁荣乡镇体育产业、提高游泳技能水平、扩大新型乡镇的社会影响力。

2．乡镇开展游泳项目的现状分析

（1）认知水平不均衡。通过访问调查江苏省邳州市村民发现，会游泳的人群比例并不高。由于城乡河流环境遭受污染，很少有人愿意下河游泳锻炼身体。此外，乡镇人群对游泳的价值认识不足，一般认为学习游泳的最高价值是“发生意外时可以自救”，而对游泳能“提高心肺功能”“增强身体素质”等认知不足。访问调查的结果反映出乡镇人群对游泳的价值认知还处于较低的水平。由于村民受开展游泳运动的认知层次所限，所以，要提高村民学习游泳的自觉积极性，需要加强对游泳知识及价值的宣传和引导。

（2）改造投入比较大。乡镇建设一座游泳池的投资费用，动辄就要几十万元，运转游泳池的费用，最低也要几万元。游泳池既耗水、耗电又耗热，在能源的消耗方面是巨大的。在群众性游泳池的设计与建设中还存在许多问题，如简化设计、优化管理，减少基础投资，减少运转费用与维修费用。如何做到节水、节电、节能、节约费用、节约人力等，需要进一步研究。乡镇在投资建设游泳池成本巨大、运营成本较高的情况下，会遇到各种各样的困难。因此，乡镇区域要运营一个游泳池所需要的昂贵代价是不容小觑的。

（3）服务市场范围小。乡镇建设游泳项目，首先服务范围为全乡镇的村民。由于农村外出务工人员较多，在乡镇生活的人口减少，乡镇游泳服务市场狭小。从经济学的视角分析，乡镇无论发展哪个行业，归根结底是整个社会环境的发展，服务市场的开拓关系到商家的利益和群众的生活质量。农村乡镇体育服务市场的发展应该适应当地居民的需求，因此要提升体育服务质量，扩大体育服务对象范围。当前乡镇推广游泳项目的最大瓶颈是乡镇人口数量较少。随着新型城镇化建设的推进，农民工出现返流现象，农村乡镇游泳服务市场空间正逐步回暖。

（4）游泳基础水平低。通过访问调查，乡镇人群会游泳的人数比例较少，而且会游泳的人泳姿较为单一，多为“狗爬式”游泳，动作不标准、不美观，虽然能达到锻炼身体的效果，但是游泳技能始终处于较低层次。在乡镇游泳的人群往往偏向学生和老人。随着乡镇河流环境出现一系列的问题，河流受到污染，农村乡镇可供游泳的天然场所逐渐消失，导致农村青少年人群中会游泳的人数逐渐减少，在乡镇建设游泳池的经济效益大打折扣。游泳技能水平低客观上对乡镇游泳设施建设带来一定的负面影响，为了激发乡镇人群游泳兴趣，培育乡镇游泳市场，应通过乡镇以及学校等机构组织游泳培训，促使更多的乡镇人群了解、掌握游泳技能，推动乡镇游泳项目经营。

3. 乡镇发展游泳项目的具体举措

（1）加强建设投入。加强新型乡镇的规划和建设；把乡镇的体育休闲健身区作为乡镇生活重要功能区，在乡镇规划中给予体育健身设施足够的用地额度，引导社会资本开发游泳馆建设。

（2）成立乡镇游泳健身俱乐部。乡镇成立游泳健身俱乐部的目的是丰富人民的生活，更好地为乡镇居民游泳健身活动进行服务，开展有计划的技能学习与交流，科学地进行体育锻炼。俱乐部开展大众健身游泳比赛等一系列的比赛项目，关键问题是要注重参与，让参与者体验比赛带来的快乐，推动俱乐部的发展。

（3）建设乡镇游泳服务体系。体育公共服务应当纳入村镇社会公共服务体系之列。农村新型城镇化建设的"提速"，导致农村体育公共服务的地位和作用日益突出。这就要求政府加强投入、组织和引导，制定近期、中期和远期的发展目标，实现乡镇公共服务体系和谐发展。乡镇游泳服务体系要满足乡镇居民的基本需求，着眼于提高乡镇居民及周边村组居民生活质量。既给乡镇居民提供基本的游泳活动享受，也提高了人的生存与发展所需的游泳技能，同时改善了乡镇的体育环境条件。由乡镇政府等有关部门牵头建立游泳服务体系为乡镇居民提供游泳活动服务、游泳指导服务、游泳信息服务；在学校建立游泳服务体系为学生提供必要的生活技能学习条件、健身锻炼条件；在有条件的企业建立服务体系，丰富员工的生活内容，锻炼身体提高工作效率。

（4）开展游泳训练实践。在乡镇组织游泳训练，提高乡镇居民的游泳水平，能够起到全民健身的效果。在学校开展游泳训练，有助于培养游泳后备人才。各市县体育运动学校组成游泳培训渠道，由各俱乐部自主形成青少年游泳培训体系；由各级各类学校的体育教研室举办培训班，组织青少年游泳训练。通过社会力量创办和投资的体育训练中心或俱乐部等各种形式开展青少年游泳训练；在有条件的乡镇企业开展游泳训练，招揽相关社会组织与部门，开发与利用游泳训练的各类资源。通过游泳协会、俱乐部的形式开展游泳训练，促进乡镇游泳活动的开展。

乡镇建设游泳项目社会化服务是可行的，发展游泳项目的前景是广阔的。根据调查研究，在乡镇发展游泳项目将会产生良好的经济效益和社会效益，更能适应人们的生活需求，符合新型城镇化背景下农村体育公共服务的发展方向。

三、新型城镇化背景下农村体育的发展走向

（一）新型城镇化背景下农村体育的发展环境

1. 新型城镇化背景下农村体育自然生态环境

改革开放40多年来，中国农村经济变迁的发展速度十分迅猛。农村生产力水平迅速提高，农民消费水平持续升高，农村农业生产机械化程度提高的幅度较大，广大农民从繁重的农业生产方式中解脱出来，农民有了更多余暇时间，可以参与健身活动，进行

更多可能的体育消费。由于农村新型城镇化的速度加快，导致农村生活生存时空环境面临严峻考验。农业生产中农药化肥的使用过度，农村企业环保不达标，违法排放，造成农村生态水系的严重污染，水与空气污染指数提升，严重威胁着人们的健康。

目前，农村体育自然生态环境受到严重威胁，甚至污染程度十分严重。农村体育生态环境的恶化，使农民与家庭体育开展的空间遭到了破坏性冲击。农村体育自然生态环境在保护方面，应坚持“预防为主，防治结合”的方针，一方面严格控制新的农村体育生态环境的破坏；另一方面综合运用法律、行政、经济等多种手段，促使遭到破坏的自然体育生态区域，通过治理得以逐步恢复。

2．新型城镇化背景下农村体育经济发展环境

随着新农村建设以及新型城镇化进程，当前我国农村体育经济发展环境逐步得到改善，主要体现在：第一，农村体育的内容和形式与地方经济发展水平相适应，如广东梅县的足球，东莞石龙镇的举重，顺德均安镇的女篮，江阴月城镇的龙舟等体育项目都在地方经济的助力下，重现风采。再如，农村体育发展较好的江苏宜兴埠镇、海安北凌村，天津王顶堤村、中北镇等乡镇，都处于农村经济较发达地区。第二，农村体育发展与民间体育和民俗文化相结合。如东北大秧歌、河北沧州武术、山东潍坊风筝、陕北安塞腰鼓、广州的龙舟和醒狮等，都为地方农民喜闻乐见的体育文化传统项目。第三，农村体育发展与农业生产的特点相结合。如农民运动会上的自行车驮米袋比赛、拔河、摔跤、挑担子、扛重物等项目，都与农村生产和生活过程相关联。

随着农村经济的新常态发展，广大农民物质生活水平提高，农村“体育搭台，经济唱戏”的范式层出不穷。如广东顺德地区顺德龙舟队和均安女篮多次出访海外，这促进了与海外同胞的零距离交流，推动当地外向型经济的快速发展；天津市东丽区东整村通过“乒乓外交”和外地进行经济合作；广西横州通过举办农运会比赛，将盛产的糖、白水泥、花茶等产品推向更广阔的市场，带动了横州市经济的发展。目前，农村体育经济发展环境处于快速发展期，在这一背景下，农村体育的经济价值将得到充分发挥，保持体育对农村经济的适应性和互促性，更好地实现农村体育与地方经济保持同频共振、随动发展的关系。

3．新型城镇化背景下农村体育社会政治环境

农村基层政治民主是我国政治体制改革的重要组成部分。村镇民主政治的推进，也在一定程度上影响着农村体育的实施过程。在计划经济时代，农村行政集权，农村体育服务于政治需要，并不是农民发自内心的需求。因此，农村体育的“边缘化”十分严重。建设社会主义新农村战略决策实施以来，农村基层民主政治的改革，淡化了行政集权，村民不断增强自我管理、自我发展的意识。农民向上一级的诉求通道与表达方式呈现多元化渠道环境，公民体育参与权得到伸张，农民真正的体育需求得以表达，为各级政府相关部门提供准确与可靠的农村体育服务综合信息。

农村体育社会政治环境的改善，使体育能够在农村社会政治经济发展的历史进程中，得到其应该具有的地位。农村体育在自我发展的同时，要积极参与农村经济政治建设，实现与政治、经济的互动发展。现阶段，我国农村体育的公益性和社会福利性占主导地位，农村体育的薄弱状况与社会主义新农村、和谐社会建设不相对称。这就要求各级政府从政治大局出发，重视为农村提供与城市相等的社会体育服务，建立与完善农村基本体育服务体系，切实保障农民健身需求，推动新型城镇化背景下的农村和谐社会建设。

4．新型城镇化背景下农村体育法治建设环境

目前，我国农村体育法治建设环境有了较大改善。现有《中华人民共和国体育法》《全民健身条例》《体育强国建设纲要》《关于实施农民体育健身工程的意见》等主要法规文件，为我国农村体育的发展奠定法治基础。全国各地区也根据自身实际，制定相关政策法规，如《江苏省全民健身条例》《县级体育工作考核标准和办法》等。加强城乡统筹发展，把农村体育纳入法治轨道，纳入规划建设之中，从法律的视角加以规范，实现农村体育在发展过程中有法可依；建立农村体育符合法制的良性发展的运行机制，维护公平公正，从法律制度上全面推进农村经济和全民健身活动健康、可持续发展，保障农村体育为全民健身事业发展服务。

按照农村体育事业发展的需要，对农村体育实施依法治理，还有相当长的道路。由于我国“城乡分治”的二元格局影响，农村体育法治建设与农村体育事业发展的需要差距较大。现行的农村体育相关法规，可操作性差、结构层次低、法律法规内容过时、效力偏低。所以，客观上农村体育工作缺乏具有针对性的政策法规加以保障，容易出现农村体育工作无法可依的不利局面，遇到实际问题很难通过法律手段解决。农村体育政策与法规的欠缺，容易出现管理错位和行政支持不作为的现象。因此，各级政府应在法治建设道路上，建立与完善农村体育发展的政策法规。

（二）新型城镇化背景下农村体育面临的机遇和挑战

新型城镇化建设促进了农村经济发展、带动了农村各类资源的集聚效应，为农村体育创造了良好的发展环境，给农村体育带来了难得的发展机遇，但也面临多种问题与挑战。

1．体育人力资源开发是农村体育面临的重要任务

新型城镇化建设的核心是人的城镇化，农村体育发展最终服务于人的发展，提升村镇人群生活质量。人是农村体育的服务对象，也是发展主体，因此提高农村人群体育意识、发掘农村体育人力资源是农村体育面临的重要任务。农村体育人力资源是指自愿服务于农村体育工作的各类人群。加快农村体育人力资源的开发是我国农村体育发展中一项重要的基础性工作。新型城镇化背景下农民对体育的需求呈不断上升的趋势，开展农村体育教育培训、促进体育消费增长、建立多元化的产业结构、传承农村民族传统体育文化等，都需要具有体育专业知识技能基础的人或团队来付诸实施。如果没有高质量的体育专业人才服务于农村体育事业，那么农村体育落后的面貌很难改变，也很难实现农村体育现代化的目标。

当前，农村体育人力资源缺乏的主要原因有：第一，地方各级政府对农村体育专业人才的培养工作重视不够，认知程度偏低，普遍存在体育与农村经济开发关系不紧密，在很大程度上导致这项工作处于“原始”状态。第二，农村教育培训体系缺少专门体育培训项目。国家与各级地方政府每年都要设立专项资金用于农村经济人力资源的培训与开发，但较少设置体育人力资源的发展培训计划，客观上造成农民普遍体育知识技能水平偏低的现状。第三，当前农村人群和体育工作参与者对农村体育经济开发缺乏前瞻性、经济性的准确判断，难以把握农村体育经济发展的有利时机。因此，农村体育要实现可持续发展必须重视农村体育人力资源开发与利用。

农村体育人力资源的开发与利用的主要策略有：第一，各级政府职能部门必须充分认识农村体育人力资源对新型城镇化建设的重要作用，要把农村体育人力资源开发作为解决农村体育问题的重要内容。第二，乡镇职能部门要将农村体育人力资源培训纳入农村社会教育体系，开展具有针对性的农村体育产业、体育经济管理、体育文化、体育竞赛、社会体育服务等专门培训，培养专门性与实用性的农村体育人才。第三，改善与优化现行农村体育人力资源结构，乡镇要设立体育专业管理岗位，确定人员编制。从根本上改变乡镇没有体育“正规军”的现状。第四，乡镇要建立农村体育人力资源管理体系，从制度上规范农村体育人力资源的开发和利用。通过激励政策，鼓励乡镇居民创新农村体育产业，为发展农村体育经济服务。要通过宏观调控与微观管理，不断提高农村体育人力资源的质量，为实现农村全面小康社会与和谐社会的发展目标打下坚实的人力资源基础。

2. **城乡体育统筹是发展农村体育需要着力解决的问题**

统筹城乡发展，建立以工促农、以城带乡的长效机制，形成城乡经济社会发展一体化新格局，是党的十七大报告提出的要求。城乡统筹发展现代化体育事业，农村体育是工作的重点对象，其难点在思想观念的更新，克服思想上的误区。要以科学发展观为指导，通盘思考规划设计、经费机制、设施建设、组织活动。城乡体育统筹发展的特征是渐进性、复杂性、长期性和系统性。在社会发展系统中，将地区城镇和农村体育的发展进行统一规划，全盘考量，协调各方，分步实施。要体现城乡统筹的统一性与协调性，地区所属城乡体育经费预算、投入分配以及体育基础设施建设、体育专门人才培养、体育竞赛活动、体育管理运行等方面都要逐步实现均衡发展；地方乡镇村组体育发展应纳入乡镇建设规划之中；城乡体育服务要体现配套性，城乡公共体育服务与其他公共服务、社会事业相配套，追求城乡体育服务综合效益。

城乡统筹的落脚点在推进农村体育的全面开展。各级政府及职能部门应在科普宣传周组织由专家、学者组成的体育科普讲师团，到基层农村开展体育科普知识讲座、培养农村体育骨干力量等活动，乡镇职能部门要帮助村组开展群众性体育活动。组织各项体育活动的时间要有灵活性，如农闲时间、长假期间、各种节日与纪念日等。组织村镇居民参与具有地方特色、形式各异的体育文化活动，使农民成为体育活动的主体。要创建县（市）级基层农村特色体育项目评比；以乡镇为单位，统筹建立城乡体育工作运行机制，形成乡镇有体育队伍、村组有体育特色项目，广泛普及具有时尚性、健身性、地域性特色的农村体育项目。

3．盘活产业经济是发展农村体育的基础

我国农村公共体育服务的基础与城市相比差距较大，农村体育条件差、公共医疗条件差、公共基础设施差、社会保障基础差，对农村体育发展产生的负面影响较大。农村利用学校和企业单位的运动场地参加体育锻炼的人数比例较小，大多数农民只能在家前屋后、村组道路两侧进行健身活动。农村体育市场处于初始状态，规模较小，缺乏必要的体育产业政策支撑。农村少量体育用品企业驾驭市场的能力较弱，缺乏成熟度，存在无政策扶植、投资行为盲目性大、经济行为不规范等问题。

经济是农村体育发展的基础。农村体育产业发展的水平、速度、规模与效益，很大程度上取决于地方经济市场发展水平。发展农村体育产业经济的首要任务是积极培育农村体育产业市场。凡是有体育消费需求，就应当建立相应的产业市场。体育类的各种消费需求是体育产业市场形成与发展的内在推动力。农村区域内的一切体育经营与服务活动，其目标直接指向农村消费者。因此，不断拓展农村体育产业的新领域、新项目、新产品、新市场，是农村体育产业发展的需要。只要满足农民需求、有市场发展潜力的体育服务项目，都应积极以市场为发展平台，以适应农村不同乡镇、不同体育消费群体的不同需求。

农村体育的发展越来越趋向于娱乐性与休闲健身性。向自然体育融合与挑战在乡镇健身活动发展中已成为一种运动时尚。农村具有生态的、广阔的、自然的、绿色的健身场所，各地农村乡镇可根据所处地理环境优势，开发登山、滑沙、攀岩、激流冲浪、蹦极、水上运动等体育产业化与体育旅游经营项目，吸引人们走进自然状态下的生态体育环境、体验自然体育运动实践的愉悦、挑战自然体育以实现对自我的超越、对人生价值观的提升。加快当地体育旅游经营附属设施的建设，让更多的农民加入休闲健身服务行业，通过家庭式、超市合作式、网络营销式、连锁经营式等多元化管理模式的实施，增加农村新型乡镇体育产业与服务业收入。

4. 改善组织机制是发展农村体育的主线

体育组织网络在发展农村体育、构建全民健身体系中发挥着十分重要的作用。应坚持各级农民体育协会制度，并逐步延伸到农村基层乡镇，较大的农村企业、行政村也成立农民体育协会。各地乡镇、富裕村组的体育指导站和晨（晚）健身点数量庞大，活动设施完善，参与人数不计其数，活动项目种类繁多，表现出旺盛的生命力与时代风貌，更需要有效的组织与管理。晨（晚）健身点是具有农村体育特色的健身组织，农村乡镇健身点主要以自愿原则组建，实行自愿参与、自愿投入、自选项目、自我管理、自我监督的组织管理模式。市县体育局应颁发《关于进一步加强城乡晨（晚）健身点建设的意见》，并列入城乡全民健身体系工程，列入市县各级优秀体育乡镇评选与群众体育工作考核内容。

目前，基层体育组织类型多样，发展较快，但依然存在农村基层体育组织发展不平衡。农村经营性健身组织缺乏，缺乏行业管理，规模偏小；缺乏农村基层体育组织政策配套和有效的运行机制。农村基层体育组织对体育资源的过分依赖，导致其活动功能、组织活力和社会影响力弱化，客观上限制了农村基层体育组织作用的发挥。

基层体育组织的完善关系到农村体育健康、有序地发展，应加强农村基层体育组织规范，增强农村体育活力。第一，明确农村基层体育组织的角色定位，强化体育类民办非企业单位登记管理，实施“自组集体、自筹经费、自组活动、自我生存、自我发展”的自治管理模式。第二，要在现有组织基础之上，完善类型、丰富形式，理顺关系，提高活动效能。第三，政府加大扶持力度，制定奖励政策。乡镇政府职能部门应在相关部门的配合与协调下，制定各类体育组织管理细则和奖惩条例，调动农村基层体育组织的积极性。第四，建立创新机制，促进农村基层体育组织跨越式发展。坚持以人为本的农村体育发展思想，政府部门给予政策支撑；乡镇与村组给予资源支撑；企业给予资金支撑；组织成员给予参与支撑。最终实现农村体育组织有序发展，多方共同推动农村体育进步。

第三章

中国农村体育教育发展

随着我国经济体制的深入改革和新型城镇化发展战略的实施，农民的生活习惯和消费结构发生了重要的变化。这些变化对农村体育事业的发展产生了积极的影响。但在新型城镇化建设和发展过程中，农村体育的发展会遇到很多困难和问题。因此，要充分利用新型城镇化发展的机遇，坚持科学的全面发展观，加强新型城镇化背景下对农村体育的研究，克服和解决农村体育事业发展的问题和瓶颈，推动农村体育事业的发展，缩小城乡体育事业和文化建设的不平衡。

在21世纪的今天，新型城镇化进程的不断加快必然会带来人口由农村向城市的流动，特别是劳动力向城市的转移使得我国农村地区的发展受到了限制，这种限制也包括农村体育教育方面。为此，本章提出了新时期新型城镇化进程下我国农村体育教育的发展建议，以期为农村地区的体育教育发展提供帮助。

第一节 体育教育赋能农村体育发展的积极意义

一、体育教育是农村体育发展的基础

体育教育是促进农村体育发展的关键环节，为农村学生的身体健康、运动技能和生活习惯提供了坚实的基础。在学校中通过系统的体育课程，农村学生得以接触科学的锻炼方法和丰富的体育项目，从而养成健康的生活方式。这不仅提升了学生的身体素质，也推动了农村体育环境的整体改善。

（一）奠定农村学生的健康基础

体育教育在农村学校中首先承担着增强学生体质、培养健康生活习惯的任务。通过体育课程，学生逐步形成规律的锻炼习惯，在锻炼中增强体质、提高免疫力。这一健康基础为学生在日常生活中更频繁地参与运动创造了条件，体育锻炼成为他们生活的一部分。

此外，体育课程帮助学生掌握科学的锻炼方法和基本的运动技巧。许多学生因为缺乏科学指导而出现锻炼过度、运动损伤等问题，体育课程则让他们系统学习如何避免运动伤害、如何合理分配运动量等重要知识，从而有效预防因错误锻炼方式带来的损伤。这样的健康基础不仅对学生在校期间有积极作用，更为他们今后的健康生活奠定了坚实基础。

（二）培养基本的体育素养和兴趣

体育教育在学生的成长过程中起到了培养运动兴趣、增强体育素养的作用。在体育课上，学生们能够接触到篮球、足球、跳绳等多种运动项目，并通过体验不同类型的运动找到自己的兴趣点。体育教育为学生打开了一扇了解体育世界的窗口，让他们逐步了解并热爱运动。

通过这些多样化的体育项目，学生们可以尝试不同的运动形式，培养运动兴趣和习惯。同时，体育教育还帮助学生树立健康意识，让他们认识到运动对于身体健康和心理健康的积极影响。随着学生运动兴趣的逐步建立，他们对体育活动的参与意愿逐渐增强，体育课也不再是“规定项目”，而是变成了他们自觉选择的一种活动。这样的体育素养和兴趣在学生生活中起到长期作用，推动他们在未来养成规律运动的生活方式。

（三）培养农村体育师资力量

体育教育的有效推进离不开专业的教师队伍，而在农村学校，体育师资力量的薄弱一直是发展中的难点。体育教育体系通过提供教师培训、资源支持等，逐步培养和提升农村体育教师的专业素养，使他们能够科学指导学生的体育活动。教师具备专业的体育知识和技能，能够为学生提供科学、合理的锻炼建议，有效规避学生在锻炼中可能遇到的风险。

此外，农村体育教师的专业水平不断提高，也为学生体育教育提供了持续的支持。通过国家政策和培训资源，农村学校得以建设一支稳定的体育教师队伍，保障了体育课程的有效实施。随着教师团队的逐步稳定和成长，他们不仅是体育教学的执行者，也是农村体育文化的推动者，逐渐形成农村体育发展的重要支撑力量。

（四）丰富学校体育设施与资源

体育教育的发展促使农村学校更加重视体育设施的建设，合理配置体育资源，为学生创造更优质的运动环境。体育设施的完善和器材的配备让学生能够接触到标准化的运动器材，体验规范的体育活动。学校在配置篮球场、足球场、操场等基本场地的同时，增加了乒乓球台、羽毛球场地等设施，使学生在活动中获得更多选择，增强了体育教育的丰富性。

国家政策的支持下，农村学校得以加大对体育设施的投资建设，为学生提供安全、适宜的运动环境。政府通过专项资金支持学校场地的修建、器材的更新，使得农村学生可以和城市学生一样享有基本的体育设施。体育设施的完善不仅增加了学生参与体育活动的机会，还使他们在安全的环境中进行锻炼，获得更良好的运动体验。这种基础设施的改善为农村体育的全面发展奠定了物质基础，进一步推动了农村学生在体育教育中的成长和进步。

综上所述，体育教育是农村体育发展的基础，为学生提供了健康的体质、丰富的运动项目、专业的指导力量和安全的运动环境。这些因素共同推动农村学生在体育方面的成长，使他们能够从小建立起对体育的热爱和认同，为农村体育的长远发展奠定了牢固的基础。

二、体育教育引领农村体育发展的风向

体育教育在农村体育发展中扮演着重要的引领角色，不仅帮助农村学生和村民建立科学运动的理念，还推动了多样化体育项目的开展和本土文化的融合。通过一系列教育活动和指导，体育教育逐渐引领农村体育走向规范化、常态化，为农村居民带来全新的生活方式和健康观念。

（一）普及现代体育理念，推动科学锻炼

体育教育的普及，首先在农村地区传递了科学的运动理念，打破了传统观念中对体育锻炼的局限性。传统农村社会中，体育活动往往缺乏科学指导，一些人将体育视为“劳作之外的消遣”或“青年活动”，对锻炼的健康价值认识不足。体育教育则向学生和家长传达了运动对身体健康、心理成长的积极影响，帮助他们认识到运动是生活中的必要组成部分。

通过体育课程，学生学习了科学锻炼的原则，如热身和放松的重要性、运动强度的控制、运动后的正确恢复方式等。这些知识不但帮助学生养成正确的锻炼习惯，也逐渐渗透到家长和社区中去，使村民逐步理解运动的益处，形成对健康生活的重视。体育教育推动了锻炼常态化，使得体育活动逐步成为农村日常生活的一部分，为农村社区带来更加健康的生活方式。

（二）引领多样化体育项目的开展

在体育教育的引领下，农村体育活动不再局限于传统的跑步、跳绳等少数项目，而是通过课程和活动的设置，逐渐引入了多样化的体育项目。例如，篮球、乒乓球、田径等运动项目逐渐在农村学校开展开来，为学生提供了丰富的选择，也满足了不同学生的兴趣需求。多样化的体育活动让学生接触到更多体育项目，开拓了他们的运动兴趣和视野。

此外，体育教育还结合农村的地理和自然条件，组织适合当地环境的特色项目，例

如农田跑、越野骑行等。这些项目不仅在运动过程中让学生感受到乡村特有的自然风光，也赋予了他们参与运动的独特体验。这些特色项目既符合农村环境特点，又能够让学生和村民积极参与，逐步拓展了农村体育的项目范围，使农村体育发展更具活力。

（三）推广全民健身理念，增强健康意识

体育教育的推广不仅面向学生，还通过学生的学习逐步传递到家庭和社区，推动了全民健身理念在农村的普及。通过课堂和学校组织的体育活动，学生的健康意识逐渐增强，越来越多的家庭开始重视日常锻炼的重要性。学校和教师还通过家长会、社区活动等形式向家长宣传健康知识和锻炼方式，帮助他们认识到体育锻炼对家庭成员健康的积极影响。

在学校和社区的共同努力下，体育逐渐成为家庭活动的重要内容，健康理念也逐渐渗透到日常生活中。通过推广“亲子运动”“家庭运动日”等活动，家庭成员在运动中增进感情的同时，也培养了健康生活的习惯。这种家庭化、社区化的健身活动使农村居民更积极地参与到体育活动中来，为农村居民带来健康生活方式的转变。

（四）推动农村体育与本土文化融合

体育教育不仅注重现代运动项目的发展，也积极推动农村体育与本土文化的融合，让学生在参与体育活动的同时了解、传承本地文化。在体育教育课程中加入具有地方特色的民俗体育项目，如拔河、舞龙舞狮、赛龙舟等，不仅增强了学生对本地文化的认同和热爱，也丰富了农村的体育活动内容。这些具有传统文化色彩的体育项目让学生在运动中感受到家乡文化的独特魅力，增进了他们对家乡的情感联系。

此外，农村学校和村委会还定期组织传统体育赛事和活动，将体育教育与文化传承相结合，形成了具有地方特色的文化活动。例如，在重要的传统节日期间举行拔河比赛、民俗表演等活动，吸引学生、家长和村民共同参与。这样的活动不仅推动了体育的发展，也为学生提供了接触和传承本土文化的机会，增强了学生对地方文化的自豪感和责任感。

综上所述，体育教育通过传递科学锻炼理念、引领多样化项目、推广全民健身和促进本土文化融合，引领了农村体育发展的新风向。它让农村学生和村民逐渐认识到体育的价值，形成健康的生活方式，同时也将本地文化融入体育活动中，为农村体育发展带来了多样性和活力。

三、体育教育推进农村体育走向大众化

体育教育的推广不仅是提升学生身体素质的重要途径，也在推动农村体育走向大众化，提升村民的参与度和社区凝聚力。通过增加体育活动的趣味性、实现活动的常态化、引导家庭参与、组织体育赛事和建立长效发展机制，体育教育逐渐让农村居民在日

常生活中形成锻炼的习惯，促进了农村地区全民健身的普及和发展。

（一）增强体育活动的趣味性和参与度

体育教育通过引入趣味性强、易于参与的活动，吸引了更多农村学生和家长的积极参与。例如，趣味运动会、体育游戏等活动简单易行，学生们不仅乐在其中，还能够在互动中体验到运动的快乐。学校在体育教育中设置各种体育项目，如跳绳比赛、接力赛等趣味活动，为学生和家长提供了轻松愉快的参与途径，使体育活动更加贴近生活。

定期举办的体育节、班级联赛等活动进一步提升了学生的参与热情，形成积极向上的体育文化氛围。这些活动不仅让学生感受到竞技的乐趣，还增强了集体荣誉感。在班级和学校层面的联赛中，学生们通过集体合作、团结拼搏，进一步激发了对体育的热情，逐渐将体育活动融入日常学习和生活之中，推动了农村体育的普及。

（二）促进体育活动的常态化

体育教育的推广也在农村地区建立了常规化的体育活动机制。学校通过晨跑、课间操、每日运动等活动，将体育锻炼逐渐融入学生的日常生活。这样的机制化安排让学生每天都能享受到运动的好处，不断提高身体素质。同时，这些常规化的活动有助于学生培养自律、增强体质，使他们逐渐将锻炼视为日常生活中不可或缺的一部分。

此外，体育教育还借助学校和村委会的联动，设立了社区体育日或家庭运动日等，增强了家庭和社区对体育活动的重视。这种社区性的体育日活动不仅让学生和家长共同参与，也进一步让整个社区意识到体育锻炼的重要性。体育活动的常态化安排，让社区形成了持续的参与氛围，促使体育活动在农村地区真正普及起来。

（三）推动家庭参与，构建全民体育氛围

体育教育通过学校的课程和活动，将体育锻炼的概念逐步推广到学生家庭。学校的体育课程不仅面向学生，还通过组织亲子运动、家庭体育日等活动吸引家长参与，提高家庭的健康意识，帮助构建一个支持体育运动的家庭环境。例如，通过亲子比赛、亲子跳绳、家庭徒步等活动，不仅增强了家长与孩子之间的互动，还让家庭成员在活动中体验到了运动的乐趣，逐渐将体育活动融入家庭生活。

这种家庭参与的推动使得体育锻炼不仅限于学校，还成为家庭生活的重要部分，形成了良好的全民体育氛围。学生在家长的带动下积极参与锻炼，家长在孩子的影响下也逐步养成了锻炼习惯，从而促进了全家人的健康。这种全民体育的氛围增强了农村家庭的凝聚力，也使得体育活动在农村的普及更具深度和广度。

（四）通过体育赛事增加村民互动

体育教育还推动农村学校和村委会共同组织各类集体体育活动，如篮球联赛、拔河比赛等，增强了邻里间的互动，促进了农村社区的凝聚力。这些赛事活动成为村民们相

聚交流的桥梁，村民们在比赛中不仅展示了运动技能，还加深了彼此的了解和沟通，增进了社区关系。

通过这些赛事活动，村庄逐渐形成了健康、和谐、团结的文化氛围，体育逐渐成为社区活动的常见形式。特别是在传统节日中，许多村庄还会组织比赛庆祝，这种结合传统文化的活动增强了村民的文化认同感，促进了农村社区的团结。体育赛事让村民享受到集体活动的乐趣，同时推动了体育在社区中的普及和发展，逐步实现了全民健身的目标。

（五）建立农村体育的长效发展机制

体育教育的推广不仅关注当前的活动和赛事，还在农村地区逐步建立了长效的体育活动机制，以确保体育教育的成果能够持续发挥作用。学校通过设立和完善体育课程，确保学生能够接受规范的体育教学，并推动学校和社区共同维护体育场地、更新器材，保障学生的运动环境安全、舒适。

在国家政策和社会资源的支持下，农村地区也开始设立社区体育指导员或志愿者队伍，为村民提供日常的体育指导。这些指导员和志愿者可以组织社区的体育活动，传授科学的运动方式，帮助村民更好地享受体育带来的健康益处。通过这种长效机制的建立，体育活动在农村地区得以稳定、持续地发展，确保体育教育和活动的普及效果更加深远和持久。

综上所述，体育教育通过提升活动趣味性、实现活动常态化、推动家庭参与、组织社区赛事和建立长效机制，为农村体育走向大众化提供了全面支持。这种大范围的推广让农村居民逐渐认识到体育的价值，将锻炼融入生活，为农村社区构建了积极向上的健康生活方式，也为实现农村地区的全民健身奠定了基础。

第二节 农村体育教育发展的主要问题

农村体育教育是全面推进素质教育的重要组成部分，对于提高农村学生的身体素质、培养健康生活习惯和增强社会适应能力具有重要意义。然而，由于经济条件、资源分配和社会观念的多重影响，农村体育教育发展面临着诸多挑战。体育设施匮乏、师资力量薄弱、学生参与度低以及政策和资金支持不足等问题，限制了农村体育教育的效果，也制约了农村学生的全面成长。解决这些问题，不仅是推动农村体育教育发展的关键，也是实现城乡教育公平、促进社会和谐的重要一步。

一、基础设施不足

在农村体育教育的发展过程中，基础设施不足是一个普遍而严重的问题。由于资金、地域条件和资源分配的限制，农村学校在体育场地和器材方面都存在显著缺口。这不仅直接影响了学生的体育学习和身体素质培养，也限制了体育教学质量的提高。

（一）体育场地短缺

在许多农村学校，体育场地短缺是一个普遍现象，学生们缺乏适合的活动空间，体育活动往往局限在小范围内。由于场地面积不足，学生们在上体育课或课余锻炼时，难以进行需要较大空间的运动项目，如足球、篮球、田径等。这导致学生的锻炼方式受限，影响了他们的全面发展。

此外，体育设施的分布也极不均衡，尤其是在偏远地区，学校的体育资源更加匮乏。一些偏远学校甚至没有专门的操场或室内体育馆，学生只能在不平整的空地上进行锻炼，体育活动的安全性和效果都受到很大影响。这种资源分布的不均衡进一步拉大了城乡教育差距，使得偏远农村地区的学生难以享受到高质量的体育教育。

（二）体育器材不完善

除了场地不足，许多农村学校还面临着体育器材不完善的问题，基本的体育器材缺乏，严重限制了学生的锻炼条件。例如，篮球、足球、羽毛球等运动的球类、网架等设备不齐全，一些学校甚至没有标准的球类运动器材，使学生无法进行系统的体育训练。缺乏基本器材不仅影响体育教学进度，还让学生失去对体育活动的兴趣，体育教育的吸引力和效果大打折扣。

此外，已有的体育器材大多老旧，部分器材年久失修，存在安全隐患。农村学校由于经费有限，器材更新频率较低，一些年久失修的器材无法得到及时维护，增加了学生在使用过程中的受伤风险。比如，破损的篮球架、不稳固的乒乓球台、磨损严重的跳绳等，都可能在使用中引发意外。这样的安全隐患不仅对学生的身体健康构成威胁，也影响了学校体育活动的正常开展，教师在组织活动时会顾忌安全问题而减少活动种类，进一步降低了体育课程的多样性。

因此，基础设施的不足已经成为制约农村体育教育发展的主要瓶颈。解决这一问题需要政府和社会各界的共同努力，通过加大资金投入、合理分配资源等方式来改善农村体育场地和器材的供给，使农村学生能够在安全、舒适的环境中接受体育教育，真正享受运动带来的健康和快乐。

二、师资力量薄弱

师资力量薄弱是农村体育教育面临的另一个重大挑战。体育教师数量的不足以及教师专业素质的有待提升，使得农村体育教学质量难以保障，影响了学生体育兴趣的培养和身体素质的提高。教师队伍是教育质量的根本保障，然而，农村体育教师的短缺和专业水平的不足，直接制约了农村体育教育的发展。

（一）体育教师数量不足

在许多农村学校，体育教师数量严重不足。受经费、政策支持和人员编制的限制，农村学校难以配备足够的体育教师，部分学校甚至没有专职体育教师，体育课由其他学科教师代为授课。缺乏专业教师不仅导致体育课无法系统、科学地开展，也使得学生无法接受全面的体育知识和训练，从而削弱了体育教育的效果。

一些农村学校的体育课安排较少，有时甚至被其他“主科”课程占用，导致体育课得不到应有的重视。学校和家长往往更关注学生的学业成绩，而忽视体育教育的重要性，这种倾向加剧了体育教师数量短缺的问题。在这种背景下，即便学校设有体育课程，由于缺少专业教师，课程质量大打折扣，体育教学的核心目标难以达成。

（二）教师专业素质有待提升

在农村地区，即便有一定数量的体育教师，专业素质的不足也限制了他们的教学效果。体育教师的专业素质提升机会较少，由于偏远和经费不足的原因，教师参与培训的机会有限，导致许多农村体育教师的教学方法相对单一，难以适应现代体育教学的多样化需求。缺乏先进的教学理念和多样化的教学手段，体育课难以吸引学生的兴趣，教学效果不理想。

此外，由于师资短缺，许多农村体育教师不得不兼任其他学科教学，难以专注于体育教育。这种“多科兼任”的现象，不仅增加了体育教师的工作压力，还导致他们在体育教学上投入的时间和精力不足，无法进行深入的备课和教学研究。学生在课堂上接受的体育知识和训练往往不系统，体育锻炼的科学性和针对性不足，不利于学生的身体素质和技能的提升。

教师素质的提升是实现高质量体育教育的前提，然而在当前条件下，农村体育教师的专业发展空间受限，严重影响了体育教育的整体水平。因此，加强农村体育教师队伍建设，提供更多的培训和发展机会，既是提高体育教学质量的必要条件，也是推动农村体育教育发展的重要保障。

三、学生参与度不高

在农村体育教育中，学生的参与度不高是一个显著问题。由于对体育课的重视不足，以及学生对体育活动的意识和兴趣薄弱，导致体育教育效果难以发挥。这一问题不仅影响学生身体素质的提升，还不利于其健康观念和生活方式的形成，制约了农村体育教育的长远发展。

（一）对体育课的重视度不足

在一些农村学校和家庭中，对体育课的重视程度不足。学校通常将学业成绩视为教育的主要目标，而体育课常常被视为次要课程，甚至在课程安排上让位于主科。由于考试成绩的压力，部分学校会减少或取消体育课，优先安排数学、语文、英语等学科的课程，体育课的时间得不到保障。这样的安排削弱了体育教育的重要性，使体育课在学校课程体系中处于边缘地位，学生也因此对体育课失去重视。

家长方面，许多农村家庭受传统观念影响，更加关注学生的学业成绩，而忽视体育对学生成长的重要性。一些家长甚至认为体育活动会占用孩子的学习时间，影响学业成绩，导致他们对孩子参与体育活动缺乏支持和鼓励。家庭和学校对体育课的重视不足，直接影响了学生对体育课的态度，使他们对体育活动的兴趣降低，参与度下降。

（二）学生运动意识和兴趣不足

除了外部环境的影响，学生自身的运动意识和兴趣不足也是参与度低的重要原因之一。由于农村体育教育资源匮乏，体育课程内容单一，学生对体育活动的兴趣较低，难以形成积极的锻炼习惯。在一些学校，体育活动缺乏创新和趣味性，课程设计相对单调，导致学生在体育课中缺少积极性，逐渐失去了对体育的热情。

此外，学生对体育锻炼的观念较为淡薄。受家庭和社会观念影响，许多学生并未意识到体育锻炼对身体健康和心理发展的重要性，缺乏形成良好锻炼习惯的主动性。相较于日常学习，学生对体育的关注度较低，一些学生仅将体育活动视为一项“任务”，而非一种能够带来健康和快乐的生活方式。这种观念的缺乏，使他们在体育课上缺乏自我锻炼的动力，往往被动参与或敷衍了事。

学生的兴趣不足也与体育活动形式的单一性有关。许多农村学校的体育活动种类较少，主要集中在跑步、跳绳等传统项目，缺乏创新和多样化的选择。由于没有适合不同兴趣的体育项目，一些学生找不到喜欢的活动，从而逐渐丧失对体育课的兴趣。丰富多样的体育活动形式不仅能够激发学生的运动兴趣，还能让学生体验到不同运动的乐趣，有助于他们找到自己的兴趣点，逐步建立锻炼的习惯。

综上所述，学生参与度不高已成为制约农村体育教育效果的重要因素。要提高学生的参与度，首先需要学校和家庭改变对体育课的态度，给予体育课与其他主科同等的重视。此外，通过丰富体育活动内容、引导学生树立健康观念，可以进一步激发学生的运动兴趣，让体育活动成为他们日常生活中自觉的一部分。这些改变将有助于增强学生的参与度，使农村体育教育的效果更加显著。

四、政策和资金支持有限

在农村体育教育的发展过程中，政策和资金支持的有限性成为一大障碍。尽管国家对农村体育教育提出了一系列支持政策，但由于实际落实中的多种限制，政策和资金的支持往往难以到位，导致体育教育资源缺乏，发展动力不足。这不仅影响了体育教育质量的提升，也限制了农村学生享受高质量体育教育的机会。

（一）体育经费投入不足

经费不足是农村体育教育面临的首要难题。由于农村地区的财政预算有限，在教育资源分配中，体育教育经常得不到充足的资金支持。这直接影响到体育设施的建设和体育器材的采购，导致许多学校体育设施老旧、场地不足，器材缺乏而且得不到及时更新。例如，许多农村学校没有标准的篮球场或足球场，体育活动受到场地限制，学生的锻炼方式也受到局限。缺乏必需的体育器材，如篮球、足球、羽毛球等，使体育课教学内容贫乏，学生的锻炼效果大打折扣。

经费的不足也限制了农村体育教师的培训和技能提升。没有充足的资金支持，农村体育教师的继续教育和专业培训得不到保障，教学水平难以提升，进一步影响了体育教育的整体质量。因此，体育经费的短缺不仅在硬件上限制了农村体育教育的发展，也在师资力量的建设上产生了负面影响，难以支撑高质量的体育教学。

（二）政策落实难度大

虽然国家层面出台了多项支持农村体育教育的政策，意在缩小城乡教育差距、促进农村体育发展，但在具体落实过程中，政策的实际效果往往难以达到预期。由于农村地区的教育资源管理体制不健全，政策执行过程中存在偏差，导致上级拨款和政策的红利未能完全落实到学校。例如，一些用于体育设施建设的专项资金在执行过程中可能被挪用于其他用途，或因为缺乏监管而没有达到预期的效果，农村学校的体育设施依然得不到有效改善。

政策落实难的另一个原因在于基层教育管理的复杂性。农村地区往往缺乏政策执行和监管的专业人员，政策在传达和执行过程中可能会产生误解或疏漏。此外，一些政策措施缺乏配套支持，农村学校在落实政策时难以找到足够的资源支撑，使得政策的效力大打折扣。政策落实中的这些问题使得国家对农村体育教育的扶持难以真正落地，农村学校仍然在艰难的条件下进行体育教育。

（三）社会支持力量薄弱

农村体育教育发展还面临社会支持力量薄弱的困境。相较于城市，农村地区缺乏社会组织和企业的资助，社会力量参与度低，制约了体育教育的资源来源。在城市中，许多企业和非营利组织会资助学校体育设施的建设、赞助体育活动和赛事，而在农村，类似的支持十分匮乏。社会支持的缺乏，使农村学校难以得到外部资源的补充，学校只能依靠有限的政府拨款和自筹经费来维持体育教学。

缺乏社会支持力量的参与也使得农村体育教育发展动力不足。体育活动的组织、赛事的开展和学生的奖学金等，都需要外部资金和资源的支持，而农村学校由于缺少社会资源，难以提供多样化的体育活动，学生也因此失去了更多参与体育活动的机会。社会组织和企业的参与不仅能够提供经济支持，还能丰富体育教育的形式，为农村学校带来多元化的资源和机会。

总的来说，政策和资金支持的不足使农村体育教育发展面临诸多困难。解决这些问题，需要加大财政投入，保障体育设施和器材的建设；强化政策落实的监督，确保支持措施切实落地；同时，积极引导社会力量参与农村体育教育，为农村学生提供更优质的体育教育资源。通过多方合力，农村体育教育的环境和质量才能得到根本改善，为农村孩子的健康成长提供坚实保障。

第三节 新时代新型城镇化进程下中国农村体育教育的发展建议

一、加强对体育价值的舆论宣传

为了使农村体育教育能够获得良好的发展，必须让人们了解体育的重要价值。对此就需要通过多种宣传渠道对体育的理念、意义和价值进行广泛传播，提高全社会公民体育意识，使每个公民真正了解体育工作的重要意义。通过体育教学与训练，可以促进人体各机能和系统达到良好状态，达到增强体质、促进智力发展的目的，还可以培养学生的完整人格和人际交往能力，最终为成为现代社会的合格人才打下坚实的基础。学校和体育教师必须同社会各界人士和家长密切联系，多渠道、多形式不断地宣传体育的各种功能和体育的社会价值，加速推进体育社会化的进程，使全体公民有积极参与的意识。

二、加强各级教育行政部门领导的学习，提高思想认识

各级教育行政部门领导应加强学习，懂得一些基本的体育知识，充分认识到体育教育的价值具有终身效益。把农村体育教育纳入学校教育的发展战略，“三育”或“五育”同步发展，真正全面贯彻教育方针，提高对体育的参与意识和社会责任感，这是推动农村学校体育工作蓬勃开展的重要环节。加强农村学生体育教育是具有社会功能和价值意义的教育，培养锻炼身体的习惯，形成自觉锻炼身体的心理定式。几十年之后，受过良好农村体育教育的学生将分布在社会的各条战线，在个人生活中扮演发展体育教育的角色，这在增强整个社会体育意识的作用是不可估量的，意义是深远的，既是一项迫切的教育任务，又是长远之计。

三、加强监督职能

发挥新闻媒介的舆论监督作用，对农村学校体育工作的质量要“曝光”。农民群众对领导重视体育的态度与落实的措施进行评价。农村学校体育工作列入督导检查重要内容，依据国家“学校体育工作条例”赏罚分明。

四、加强体育工作规范化

体育工作列入学校全面工作的评估体系，克服单纯以升学评价学校的不良倾向，加强农村学校体育工作规章制度建设，使农村学校体育教育逐步实现规范化、科学化，不断发现培育乡、村、联中体育工作的先进典型，树立榜样，使得学有方向、干有目标，创造良好的体育环境。

五、加强农村体育师资队伍的建设

动员鼓励中学生积极报考农村体育院校，不断充实体育教育队伍，增加数量，提高质量，积蓄后备力量。建立县、乡、村三级辅导站，定时定点辅导，建立乡村联系点制度，努力提高业务能力，不断提高农村体育教师工作水平。

加强专职、兼职农村体育教师的培训、函授、进修和观摩学习等，提高思想觉悟和思想境界，提高文化素质，掌握农村体育专业理论及相邻学科的基础知识，如美学、音乐、语言文学等方面的知识。掌握熟练的技术、技能，建立知识的立体结构，就能从各个学科体系中，汲取自己所需要的东西，融入农村体育工作的实践中去，使农村体育教学和业余训练不断地创新和发展。关心广大农村农村体育教师生活，稳定教师队伍，正确对待农村体育教师的待遇、地位、荣誉等，尊重农村体育教师的劳动，调动农村体育教师的积极性，使他们安心工作。

六、加强体育场地、器材设备的建设

注意增加农村体育经费的投入。具体措施如下：

（1）学校方面应给予体育教学正确的地位和态度，在规划校园时就要为体育场地留出尽可能多的空间。学校的上级部门也需要根据实际情况，为学校的体育场地建设和器材的购置予以一定的资金支持。

（2）在无法购买新的体育器材之时，可以发动教师和学生，从生活中找到一些没有使用价值的物品，将其进行改造，使其成为一种可用的健身器材。另外，可以根据地区的气候特点，因地制宜地开展体育教学活动，选择适当的教学内容。例如，我国北部地区的农村可以在冬季开展冰雪运动等。

七、加强农村体育教师政策的贯彻和执行力度

制定一个有利于农村体育教师发展的政策非常重要，这是农村体育教育发展的保障。其中，2006 年，我国启动实施的农村义务教育阶段学校教师特岗计划，对农村体育教育的发展就非常有利。

教师特岗计划是我国政府实施的一项对西部地区农村义务教育的特殊政策，通过公开招募高校毕业生到西部“两基”攻坚县县以下农村义务教育阶段学校任教，引导和鼓

励高校毕业生从事农村义务教育工作，创新农村学校教师的补充机制，逐步解决农村地区师资力量薄弱和结构不合理等问题，提高农村教师队伍的整体素质，促进城乡教育均衡发展。近年来的实践证明，这是一项非常不错的举措，对于西部地区农村教育的发展具有重要的意义，西部农村教育水平得到了明显的提升。因此，结合我国当前国情和各个地区的具体实际，制定一系列有利于农村体育教育发展的政策具有深远的影响和意义。

第四章

中国农村体育服务发展

城镇化使城镇的社会结构、人口结构、消费习惯、生活方式发生了深刻的变化。随着新型城镇化战略的不断深入，城乡物质方面的差别趋于消灭，精神文化生活的需求却日益提升，体育活动早已不再是城镇居民的专利活动，农村居民同样渴求与城市居民一样拥有主富的体育文化活动。人们主动去接受体育，通过观常体育参与体育，向健康化的生活方式迈进。城镇化后人们对体育的各项功能的认知度较高，农村居民对于参与体育活动的态度也有很大的变化。

第一节 新型城镇化进程中中国农村体育项目的生存境况[1]

一、“三下乡活动”体育项目现状

“三下乡活动”是我国的一项重要的惠民政策，体育“三下乡活动”是我国为了大力发展农村体育而在体育领域开展的活动，为农村体育发展、建设新农村做出了贡献。

目前来看，体育“三下乡活动”取得了一定的成效，但是，也存在不少问题。据调查显示，有 27.3% 的农民“不清楚”体育项目下乡活动，有 32.5% 的农民认为一些体育项目下乡情况“不符合”农村的体育发展情况（表 4–1），存在着盲目上马、统一建设问题。

表 4–1 “三下乡活动”项目与农村体育发展调查

非常符合	基本符合	不符合	不清楚
14.9%	25.3%	32.5%	27.3%

[1] 刘有志．新型城镇化背景下我国农村体育发展理论与实践［J］．中国果树，2021（3）：110–113.

通过深入农村访谈发现，在我国许多村落，都曾按照“新农村建设示范村”标准建设“一个篮球场，一个乒乓球室，一排健身路径”。这些体育场地器材建成初期，农民出于新鲜感参与了一段时间的体育活动，但是，之后坚持体育锻炼的人非常少。在部分地区，体育“三下乡活动”实际上只是走形式、摊任务，并没有清楚了解农民的真正体育需求。

自“十一五”时期开始，国家大力实施“农民体育健身工程”，这是我国政府推进新农村建设的一项重要举措，充分表明了国家对新农村建设和发展农村体育的支持。但是，在农村体育发展中存在许多问题，如区域差异、农民体育参与习惯等，这些都需要在体育场地设施建设中充分了解后实施，否则，只能造成体育资源浪费。

二、“健身路径”体育项目现状

自党的十八大以来，以习近平同志为核心的党中央高度重视关心体育工作，全民健身上升为国家战略。国家的这些大政方针和政策对提高农民身体素质，发展农村体育做出了重要贡献，尤其是农民的场地设施问题得到了很好的解决，但也存在不少问题。

（一）不了解使用方法

调查显示，在我国农村健身路径的使用过程中，大部分人并没有认真地去研究健身路径的正确和科学使用方法，仅有 25% 的人会先看使用说明，效仿他人和自己随意使用的健身人数比例高达 67%（图 4–1）。

一些健身路径使用简单，在城市和电视节目中可以见到他人的操作使用，因此，人们多直接模仿使用，不看说明。

在我国农村地区，当前很多年轻人外出谋生，一些老人和儿童留守当地。老年人群由于年龄较大、认知范围不够广，再加上大部分健身器材的说明书字体非常小，老年人群很难通过说明书去理解和学会健身器材的使用方法。因此，他们大多依靠效仿他人和自身的理解来操作健身器材。

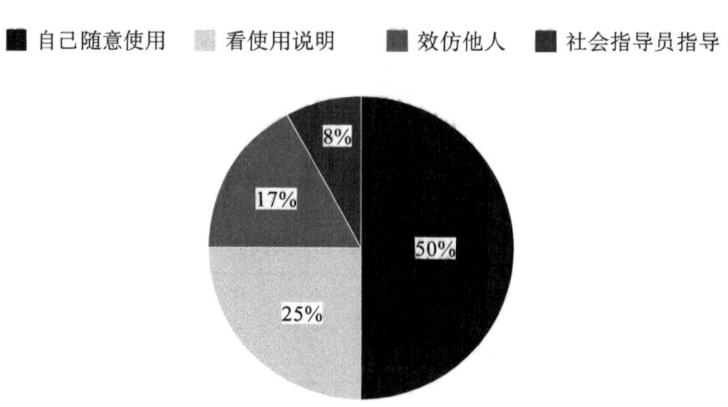

图 4–1　器材使用方法获取途径

还有一个很重要的原因是，当前新农村安置了健身路径后，根本不设置体育指导员，高达 95% 的农民并不知晓健身指导员这一概念和职业，农民使用健身路径多是模仿健身。

（二）健身动机不明显

我国农村多种体育健身路径的使用动机具有多样化的特点。健身动机虽然占据主要地位，但是和其他动机相比，差别不大。农民在村落广场聚集，更重要的是聊天、交际，健身只是相对“不太重要”的一部分内容（表 4–2）。

表 4–2　健身路径使用动机调查

动机	说明
强身健体	使用者多为那些体弱、肥胖或慢性病人群，他们以调节身心健康、缓解病情、改善身体机能为主要目的
人际交流	通过使用健身路径来增加与他人的接触和交流，增进彼此间的感情，老年人群主要是消除孤独心理
娱乐休闲	认为使用健身路径可以带来一定的娱乐性和趣味性
陪伴家人	老年人之间的陪伴，晚辈对长辈的陪伴、家长对儿童的陪伴，家人对患病家属的陪伴
康复训练	通过使用社区健身路径，恢复健康
减肥瘦身	通过健身来减肥和塑造优美体型

（三）健身使用频率不高

对农村健身路径的使用情况调查分析，整体来看，健身路径的使用率较高，健身路径基本发挥了其应有的作用。但是，和城市健身路径的使用率相比，我国农村健身路径的使用率较低。

还必须了解的一个情况是，我国农村健身路径人均配置低，这也是农村健身路径使用率整体较高的一个重要原因。也就是说，人均使用率低在客观上造成农村健身路径被多次使用的假象。

这里分别从健身锻炼的时间段、健身锻炼使用的时长、健身锻炼的次数（每周）三个方面对健身路径使用率分析如下。

就健身锻炼时间段来看，农忙时，健身路径的使用率较低。农闲时，健身路径的使用主要集中在 6:00~20:00（图 4–2），充分说明了多数健身者具有良好的生活习惯和行为。健身人群主要是以老年人群为主，他们主要是在茶余饭后，或是夏季的清晨、冬季的午后进行健身锻炼。

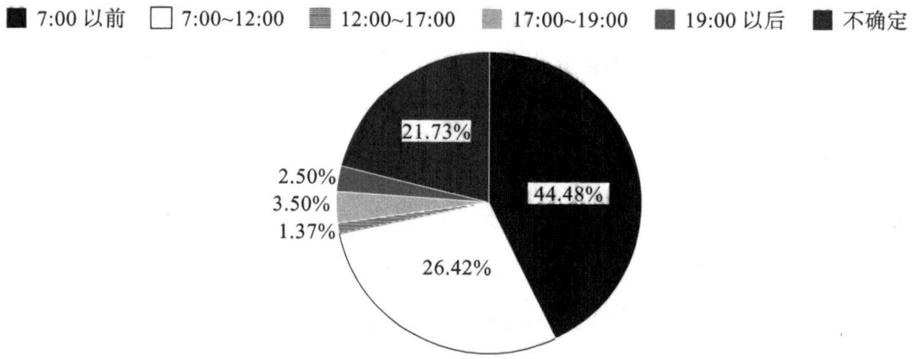

图 4-2　健身锻炼时间段

就健身锻炼使用时长来看，健身锻炼使用时长主要集中在 30 分钟以上。健身锻炼使用时长在 30 分钟以内的人群仅 15.55%（图 4-3），这说明，大多数健身人群能充分和有效使用健身路径进行体育健身锻炼。在健身人群中，以老年人为主，他们空闲时间较多，能保证锻炼时间在 30~60 分钟，但使用过程中会进行多次健身路径变换，休息间歇多，真正健身的时间基本在 30~40 分钟。

就健身锻炼的次数来看，农村健身路径相对较少，因此，在供不应求的情况下，农村使用健身路径健身的人群每周 6~7 次占到 61%（图 4-4），健身人群仍以老年人为主。

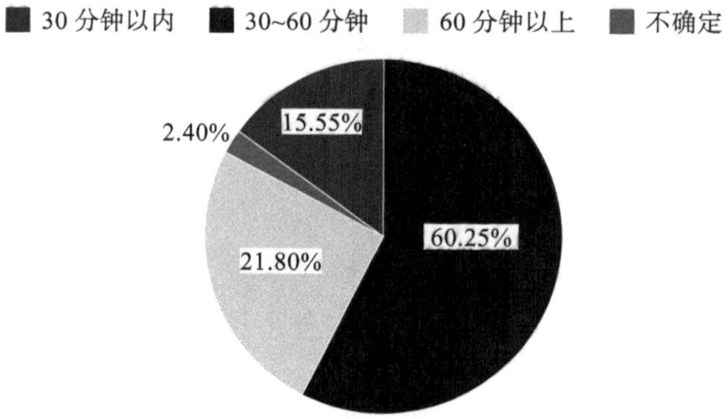

图 4-3　健身锻炼使用时长

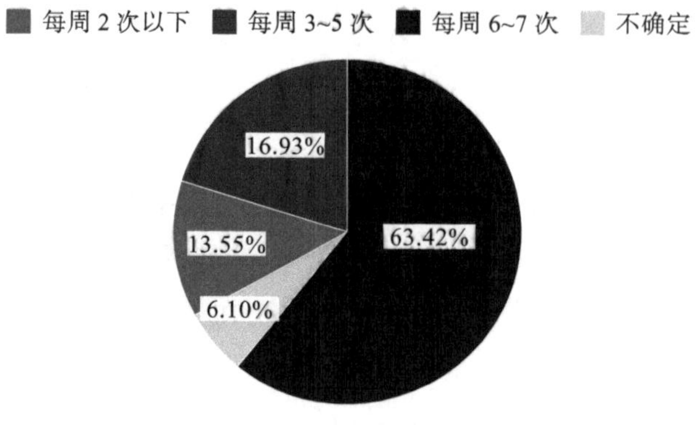

图 4-4　健身锻炼次数

（四）使用管理不当

在我国大多数农村地区，健身路径修建、安置后，没有专业的管理人员对健身路径进行维护和管理，对破损、老化的健身器材的检修工作不到位。

第二节 构建新时代中国农村公共体育服务发展模式

一、农村公共体育服务发展模式构建的社会背景

在当前和今后一段时间内，我国社会表现出的特征是分析和思考农村公共体育服务发展模式的不可或缺的前提。农村公共体育服务发展不但要嵌入我国社会发展的宏观进程，而且应当用特殊优势向国家建设注入源源不断的动力。农村公共体育服务不仅能使民众在休闲健身方面的需求得到满足，还是培养劳动力的有效方式，也是代替医药支出和增强民众体质的有效方式，对我国社会发展有尤为深远的意义。农村公共体育服务发展模式构建的社会背景如下：

（1）我国从下中等收入国家步入上中等收入国家行列、并将发展成高收入国家的新形势，要求借助对公共服务体系的优化来加快发展速度，为经济社会的良性发展提供有利环境，确保我国逐步向中等发达国家发展。以世界银行的比较标准为判定依据，我国已经是中等收入国家，但与发达国家相比还有较大差距。

（2）我国由传统农耕社会步入现代城市社会，同时即将进入城市文明发挥主导性作用的发展阶段，由此提出了推动城乡一体化与公共服务一体化、网络化。我国社会主义市场经济体质逐步完善的大背景提出了全面加快公共服务体系建设的要求，推动经济发展和公共服务体系建设相互推动、大力协作。

（3）我国从“生存型阶段”向“发展型阶段”转变，要求坚持以人为本，为科学发展和幸福发展注入巨大的推动力，力求使广大人民的幸福指数得到大幅度提升。加快发展手段的转变进程，由此产生内生式增长动力，尽全力促使基本公共服务达到均等化要求，在构筑覆盖全民的公共服务体系上获取巨大进展，促使基本社会保障水平得到质的提升，由此提高居民预期的稳定程度，适度削减预防性储蓄，激发广大人民参与消费的积极性，从根本上扩大内需。

（4）我国社会主义民主政治持续发展的大背景提出了两项要求，分别是以更快速度落实公民的宪法权利，为我国公民享有公共服务权利提供保障。社会公平正义、共同富裕不但是社会主义政体价值观的核心，而且是保障公民享有经济、社会及文化权利的有效方式之一。

（5）老年社会需要面对的健康支付压力。人口老龄化在生活习性、消费需求、社会

养老方面都提出了崭新挑战。正视我国未来出现的老年社会需要面对的压力，探究出切实有效的身体健康康复方式，不但能从根本上提高我国老年人的幸福指数，而且有助于老年人享受临终关怀。

（6）环境恶化的生态发展压力。在2018年召开的全国生态环境保护大会上，习近平总书记指出，总体上看，我国生态环境质量持续好转，出现了稳中向好趋势，但成效并不稳固。生态文明建设正处于压力叠加、负重前行的关键期。

二、新型城镇化进程中农村公共体育服务发展模式构建的原则

（一）公益性原则

农村公共体育服务是满足广大农民日常运动和愉悦身心的有效手段。在农村公共体育服务项目支付意愿有待增强的形势下，要坚持遵循农村公共体育服务发展的公益性原则。严格按照《全民健身计划（2011年—2015年）》中提出的“三纳入”要求：将全民健身事业，尤其是公共体育设施建设纳入当地国民经济与社会发展规划中；将全民健身事业经费纳入各级财政预算；将全民健身工作纳入各级政府年度工作报告。要想确保农村公共体育服务始终达到公益性要求，一定要促使县级政府更好地掌控县域公共体育服务，采取多种措施增大政府在县域农村公共体育服务上的投入总量和实际比例。制定区域农村实施《全民健身条例》的具体操作性措施，保证农村公共体育服务真正拥有公益性。

（二）多元化原则

因为我国幅员辽阔、各地自然条件存在很大差异、经济社会发展存在失衡、体育基础存在明显差异，所以采用统一力度或统一标准的农村公共体育产品，会不可避免地忽略在经济发展的各个阶段农民在公共体育产品方面的需求有所不同，最终效果一定会不尽如人意。为此，采取哪些措施真实而精准地掌握各个地区、各个经济发展阶段、各类传统习俗的农民在公共体育产品上的实际需求有很大的必要性。农村公共体育服务发展一定要从根本上增强“多元”“特色”的思路，有效规避“统一”的思维，全面分析现阶段以“篮球场与乒乓球台”项目为特征供给对提高农村地区体育效益的深远影响。

（三）本土化原则

我国农村现有的现代体育发展的土壤极少，具体反映为许多村民对“体育”持否定态度，这也说明“现代体育项目进村”需要战胜一些文化障碍。然而，具备本土性特征和传统性特征的体育活动往往能够吸引一些锻炼者。截至目前，在新型城镇化背景下，尽管规划和建设的思路提出了现代化要求，但文化传承上依旧有必要维持原有文化的生态环境，对传承我国优秀民间体育项目发挥积极作用。在很早之前，我国武术大师就提出，武术是民族传统体育项目之一，拥有尤为显著的乡土特征，这和广大农民的生产生

活方式以及日常习惯存在很大的关联。武术运动的健身价值、修身价值、防身价值、娱乐观赏价值一直以来都深得民心。最为突出的优势是，武术锻炼对场地条件和器械条件、时间、场地的要求比较低，很多地方都可以充当武术锻炼的场所，为武术在广大农村的普及提供了很大的便利，和我国农村当前的经济发展水平以及举办体育活动的条件相适应。因此，武术运动在农村体育中的大范围开展，能够将其投入成本或无成本、经济实惠、终身受益的优势凸显出来。在农村公共体育服务的发展过程中，保证项目选择与自主重点达到本土化与民族化的要求，有助于更加充分地满足广大群众的公共体育服务需求。然而，现阶段提倡把传统文化和现代文化有机融合在一起，但这种交融从本质上说是相对迟缓的过程，不可以采用城市群众体育标准来衡量农村，仅可在尊重农村传统文化的基础上，找出一套和农村实际情况相适应的群众体育评价体系。

（四）集约化原则

现阶段恰逢国家大力推进城镇化建设与新农村改造的关键阶段，国家项目和农村管理的很多方面都有密不可分的关系，所以严禁出现“就体育而论体育”的现象。相反，应当立足于全局来考察农村公共体育服务的发展，把农村公共体育服务纳入我国城镇化改造与新农村建设的过程中，不仅不能低估自身价值，也不能有目的地宣扬参与本项目的必要性和积极作用，逐步构建农村公共体育服务与其他项目整合与集约发展的大格局。截至目前，很多地区都有把农村公共体育服务融入经济社会发展的典型案例。

（五）城乡互动原则

农村公共体育服务发展不单单属于植根于农村的发展行为，也需要城乡逐步构建出体育资源方面的共享与互动机制。我国城乡公共体育服务在发展方面产生的差距主要是受我国政策驱动的影响，城市优先发展策略也渗透在群众体育发展中。由于我国立足于全局确立了“城乡统筹”的战略，所以农村公共体育服务发展应当更加自觉地融入城乡良性发展的法律架构和政策体系，彻底解决区域城乡体育资源分布失衡的问题。

以上五项原则是我国在新的发展阶段发展农村公共体育服务不可或缺的依托，是我国农村公共体育服务发展模式转换的基础条件。

三、新型城镇化进程中农村公共体育服务发展模式构建的目标

目标对事物发展有引领作用，新型城镇化过程中农村公共体育服务发展模式的目标往往存在趋同性特征，显著反映在以下几个方面。

（一）准确定位农村公共体育服务的价值群体

“三农”问题产生于很早之前，我国尝试采用多项措施来加快农村与农业的发展速度，由此加快实现农民权益，但多年来，政府以一号文件的形式持续关注“三农”问

题，由此可知，政策实施效果还需要进一步加强。相关学者指出，这类似于中国二元经济社会格局的改革逻辑，二元格局的形成本质是由于单一治理主体（政府）的非均衡制度设计所导致的，这相对于整体性的社会空间自然发展路径而言，内在地包纳了三层隐性缺位，即农村社会缺位、农民主体缺位以及城市反哺缺位。城乡体育二元结构是我国宏观经济社会二元结构的反映，所以应当在农村公共体育服务发展历程中密切关注农民体育需求，如此有助于稳固农民的主体地位。虽然过去我国农村社会结构转变处在质变过程中，其中同样有一小部分农民采取多种方式成功上升为其他阶层的成员，但是，农民是一个阶层广泛且社会结构庞大的社会群体，所以不管当今农民是哪种社会分工，农民“身份”依旧是其社会地位的重要象征。

在新型城镇化背景下，经济权利和文化权利在内的很多权益都深受相关管理部门重视，这恰恰是处于重建农民主体地位重要阶段的积极政府行为。要想在农村公共体育服务发展历程中稳固农民主体地位，第一步是清晰规定农民的体育权益，将农民对公共体育服务的实际需求表达出来，战胜并克服农村公共体育服务发展的体制性障碍。农村公共体育服务中需要有效激发公民参与的积极性。公民参与就是公民个人或公民团体参与公共体育政策的决策及管理的过程。特别是公民参与地方公共体育政策制定工作能够从根本上改善地方政府公共体育政策质量，促使公民对政府和相关政策的满意度更高，这样有助于更加顺畅地实施公共体育政策方案以及政府政令。在新型城镇化背景下，明确农民在公共体育方面的实际需求，使农民公共体育权益得到保障，是有序开展农村公共体育服务体系建设工作的基础性条件。

（二）明确确定农村公共体育服务的发展导向

在新型城镇化背景下，我国广大农民的经济收入不断提高，农民在公共体育服务方面的需求呈现出多元化的发展趋势，所以在农村公共体育服务发展历程中一定要反复重申农民公共体育需求为先的思路，并全面分析这个思路的意义。就现阶段来说，农民需求发展的阶段性着重反映在以下两个方面：

1. 确保“健康第一”目标的实现

和城市居民相比，我国农村医疗保障体系建设还需要进一步优化。“小病挨，大病拖，重病才往医院抬”的现象出现在很多农民身上。很多实践活动表明，体育能够有效推动人的健康养成，长时间参与体育锻炼能够强化机体生理机能，使人们的免疫力有所增强。与此同时，科学参与体育活动有助于人的心理健康，使农民的心理更加愉悦，使得社会空间得到有效拓展。借助农村公共体育服务建设向广大农村创造并提供良好的条件，对缩减医疗支出成本、农民维持良好身心健康状态都有积极作用。

2. 改良农民不良的生活习惯

从整体来看，农民在空闲时间参与的休闲娱乐活动主要是“看电视”“打牌”等，选择参与体育活动的农民比较少，这种情况使得农村体育健身休闲文化表现得越来越容易被农民忽视。一些农民会因为“打牌”中暗藏的赌博行为产生矛盾，进而对农村社会和谐安定产生或多或少的负面影响。在农村，组织和参与体育活动在农民文化体育生活中发挥着尤为关键的作用，拥有十分显著的社会效益。分析我国现阶段农村公共体育服务发展实践能够发现，农民的文化体育需求需要被更好地满足。

（三）实现国家公共体育服务的战略意图

在达到国家公共服务均等化的过程中，发展农村公共体育服务是一项尤为关键的战略步骤，对我国公共服务总体水平的提升有很大影响。截至目前，公共体育事业投入相对有限，基层公共体育服务水平需要进一步提升，公共体育服务的均等化差距呈现出逐步增大的趋势。针对现阶段一些地方政府在公共体育服务方面投入有限的问题，以体育彩票公益金取代政府性财政投入的情况依旧时有发生。承担公共体育服务主要职责的县级政府事权过大、财权较小，供给能力较低，县域公共体育服务发展滞后，形成城乡二元结构。东、中、西部地区在公共体育服务的基本要素方面存在差异逐步增大。由此可见，在新型城镇化背景下，公共体育服务体系能够对公共体育服务均等化等方面产生不容忽视的推动力。因为我国各个地区在自然环境和资源状况上有不同程度的占比，所以公共体育资源难免会在地区与项目上产生不均等现象。根据经济学边际效应原理，把部分地区多出的公共体育资源投入公共体育服务短缺地区能够出现不同程度的边际效应，有效加快区间公共体育服务均等化进程。公共体育服务作为一种以不同形态的公共体育物品为载体所实施的公共行为，存在非排他性和非竞争性的双重特征，其能够对周边区域的很多类活动产生辐射作用，对不同类型的社会事业发展进程注入推动力。

（四）挖掘并归纳农村公共体育服务发展的实际经验

由于我国地域辽阔，因而农村公共体育服务成长路径在资源和制度的双重限制下差异化明显。当前，我国在农村公共体育服务发展实践中已经获得了很多成果。分析东、中、西部很多区域的农村公共体育服务发展情况能够发现，我国东部地区农村公共体育服务发展往往是以公共体育设施投入为主体的硬性服务供给，西部地区则主要采取体育活动服务发挥主导性作用的软性供给，突出反映在各个区域之间经费投入方面的差异。在调研过程中能够发现，很多区域充分挖掘和利用了当地的资源优势，同时大胆创新了相关制度，通过多方面努力达到了区域公共体育服务良好发展的目标，为我国实现多样化农村公共体育服务发展提供了参照的样本。

四、新型城镇化进程中农村公共体育服务发展模式构建

基于以上的分析和讨论，联系实地调研的各项结果，立足于应用角度与可行性操作概念，这里提出两种农村公共体育服务模式，为我国农村公共体育服务发展提供切实可行的建议，具体如下：

（一）节庆、民俗发展模式

受我国区域特征的影响，各个地区在文化传承与文化变迁过程中形成了很多具备身体锻炼价值和文化传承价值的民俗体育项目。其中，我国许多少数民族地区的民俗体育项目发展得尤为繁荣，丰富多彩的民俗体育项目使得当地的旅游内容更加多元化，成功吸引了一大批游客，使得节庆、民俗体育在自治州旅游业中发挥越来越重要的作用。

当前，节庆、民俗体育已经演变成一种特殊的公共体育服务发展模式。因为民俗体育拥有坚实的民众基础和较大的社会影响力，所以节庆、民俗发展模式能够更加有效地产生以政府投入与民间参与的可观收益，对农村公共体育服务的稳步发展有显著的积极作用。同时，节庆、民俗体育发展模式更是一种活动引领的公共体育服务发展形势，其发展与推动主体均为政府部门。地域节庆、民俗体育发展模式被正式确立之后，地方政府往往会在固定时间组织集纪念价值、文化价值、传播价值、推广价值于一身的集体性活动。在完成类似的集体性活动的准备工作时，不但要建立具备针对性特征的投资建设场地设施，而且要建立达到各项要求的组织机构与经常性训练等，由此就产生了政府针对公共体育服务的投资行为。以山东潍坊发展的风筝运动为例，不仅成立了作为政府机构的风筝办，也加快了风筝进入学校的速度，还建立了风筝纪念馆，这些举措都为山东潍坊风筝文化的发展注入了推动力。

（二）全民健身（苑）点模式

政府是农村公共体育服务发展的关键主体，为有效加快农村公共体育服务发展速度采取了很多项措施，然而能够扎根于基层、全面掌握基层情况的则是全民健身（苑）点，这是政府以公共体育设施为主的投资形式。为从根本上改变过去投资体育场地设施的政策取向，地区政府先后推动包括“公共体育指导服务”“公共体育信息服务”等软性服务在内的供给。

政府是投资农村体育健身（苑）点形式的主体。在新型城镇化背景下，当地政府可以利用当地体育行政部分的预算内资金或体育彩票公益金，选择满足相应条件的村落公共用地，来建设符合广大农民健身休闲需求的体育设施。

节庆、民俗发展模式和全民健身（苑）点模式在我国各个地区都相对常见，这两种农村公共体育服务发展模式的适用条件区域和注意事项（表 4-3）。在发展农村公共体

育服务的过程中，推行这两种模式时一定要把体育融入当地的经济社会中，努力将体育发展的现实意义凸显出来，如此，不仅能在发展农村体育事业的过程中充分挖掘和发挥农村体育事业的作用，也有助于实现体育服务大众体育健身的社会需求。

表 4–3　农村公共体育服务发展模式与注意事项

模式名称	适用条件区域	注意事项
节庆、民俗体育发展模式	少数民族地区，具备强烈的仪式性，少数民族体育开展环境与社会支持系统	所谓发展模式并不是单独存在于一个区域，甚至可能存在多种模式并存的状况
全民健身（苑）点	以小型化、“原子化”存在的健身（苑）点，具备较好的体育健身需求的区域	地区间的资源差异和发展优势决定了农村公共体育服务发展模式的选择，但是投入、监管都要政府主导

第五章

农村体育管理及相关体制

当前，在经济不断发展，新型城镇化进程不断加快的形势下，不仅要做好城市建设，还要将这一背景下的农村建设作为关注的重点。农村体育作为农村建设的一个重要方面，也需要做好相关的管理工作，从而保障农民的基本体育需求，保证农民在农忙之外的体育活动，进而使农民的综合身体素质得到保证。本章主要对体育管理与农村体育管理的基本知识，农村基层体育组织管理体系建设，以及中国农村基层体育管理体制及运行机制的构想几个方面的内容加以分析和研究，由此能够对新型城镇化进程中的农村体育管理有所了解和认识。

第一节 农村体育管理的内容及现有模式

一、农村体育管理

我国农村人口众多，作为体育事业建设的重要内容——农村体育，往往是指在县及县以下广大农村所开展的体育活动。其中，农民及部分乡镇职工、居民和学校的学生是其主体。近年来，农民的体育意识不断增强，这就为农村体育的管理工作奠定了良好基础。

（一）农村体育管理的特点

农村体育管理的特点，主要从两个方面得到体现，一个是体力活动方面，另一个是体育活动的开展方面，具体如下：

1. 农村体力活动的特点

（1）长期从事繁重的体力劳动，短时间内不会出现肌力衰退现象。

（2）农民繁重的体力劳动是在自然环境中进行的，因此，往往会受到地域、季节、气候等因素变化的影响，农民对外界自然环境变化的适应能力较强。

（3）农民以农作物生长的情况为依据来将农业劳动的内容确定下来。

（4）在田间不便于组织集体活动，农民往往分散从事农业劳动，但是却对传统节日的娱乐体育活动有较大的兴趣。

2. 农村开展体育活动的特点

（1）参加对象较为分散。

（2）活动时间较为随机。

（3）体育观念是比较保守的。

（4）经济条件是相对较为滞后的。

（5）活动项目往往是较为传统的。

（6）活动场地设施往往是比较单一的。

（二）农村体育管理的内容

我国农村体育管理所包含的内容主要有以下几个方面：

1. 提供相关的场地，为体育活动提供便利

农村体育活动的开展，对活动的场地和必要的器材是有一定要求的。因此，这就需要各级体育部门应为农民使用场地器材提供方便。

2. 对相关人员进行培养，布置网点

农村体育活动开展需要相应的指导和辅导人员。这些人员不仅要爱好体育，有一定的专业知识，还要能够为农民提供热心的服务。加强对这些人员的培养，就要注重农民的爱好和传统，综合布局，形成娱乐活动和锻炼于一体的网点。

3. 利用节日，开展相应的体育活动

在节假日期间有针对性地开展各种体育娱乐活动，能够达到使参加者锻炼身体，丰富业余生活，又不影响生产和工作的目的。我国的节日较多，不仅有传统节日，各地还有许多地方性和临时性节日，可以以此来组织、开展有特色的各种体育娱乐活动。

4. 树立先进榜样，以点带面

要充分肯定开展农村群众体育娱乐和健身活动好的乡、村、组、家庭和个人，同时，以他们的切身体会教育和带动更多的人加入锻炼身体的行列。

（三）农村体育管理的组织

农村体育管理组织主要包括县级体育组织、乡镇体育组织和村体育组织。不同组织又包括不同的部门，具有各自不同的职责。

（1）县级体育组织主要包括县政府主管体育的部门及体育社会团体，对本县范围内的社会体育进行规划和协调是其主要职责所在。

（2）乡镇体育组织是一个中介组织，其主要职责在于乡镇范围内的农民体育工作。

（3）村体育组织是农村体育最基层单位，其主要职责在于直接联系广大农民，组织开展体育活动。

（四）农村体育经费

社会发展是在经济的基础上实现的，这对于农村体育发展也不例外。经济发展水平，经济发展所能为农村群众体育发展提供的物质条件，经济发展带来的个人经济状况以及由此而引发的人的观念、思维方式和行为方式的改变，这几个方面都在很大程度上决定着农村体育的发展规模、水平和速度。农村体育经费是农村体育管理部门开展体育活动的财力资源。农村体育经费的管理所包含的内容主要有对经费的筹措、分配、调拨和使用、管理几个方面。

（五）农村体育健身娱乐业的经营

1．俱乐部制

体育娱乐和健身健美俱乐部是一种附属体育健身和娱乐设施，有专门的运动场地和器材，并有专职人员实施管理和指导的体育娱乐组织形式。盈利是这一类型俱乐部的主要目的所在，因而商业色彩和经营气氛较为浓厚。这类俱乐部的主要对象是经济收入较高的阶层，因此，其在投资和标准方面都有较高的要求。一般来说，俱乐部所采用的经营管理方式主要有：固定会员制、长期会员制、临时会员制。

2．体育娱乐中心

体育娱乐中心也是一种具有体育娱乐设施和相应器材设备，以及专门管理人员和专、兼职人员的体育活动组织形式。与俱乐部相同的是，体育娱乐中心也是盈利的，商业色彩和经营性质较为浓厚；与俱乐部形式的区别则在于，大多数体育娱乐活动中心的对象主要为以工薪阶层为主要对象，收费标准相对较低，遵循的是薄利多销的原则。

二、当前农村体育管理模式

在当前农村体育发展的过程中，管理模式呈现多样化，主要分为三种类型：公益型管理、准经营型管理和市场化管理。这些模式根据农村体育组织的性质、功能和资金来源的不同，采取了因地制宜的管理策略，为促进农村体育事业的健康发展提供了保障。

公益型管理是一种非市场化运作模式，主要应用于群众体育锻炼点、学校、公益型群众体育俱乐部和文化站等组织。这种模式依靠国家和社会的资金投入，坚持非营利性原则，通过“低偿”或“无偿”的方式向群众提供体育服务，确保公共资源能够公平惠及广大农村居民。公益型管理的重点在于满足基本的健身需求和提升群众的身体素质，体现了体育事业的公共服务属性。

准经营型管理则是一种介于公益型和市场化之间的半市场化运作模式，适用于协会型群众体育俱乐部或协会型单项体育俱乐部。这种模式在继续依赖国家和社会资金投入的基础上，部分面向市场，通过自主经营来提升自身的造血能力和可持续发展能力。体育总局《2023 年群众体育工作要点》指出引导更多优质资源向基层一线和群众身边延伸，推动自我策划、自我发动、自我组织的群众性体育赛事。准经营型管理既能缓解公共资金压力，又能灵活适应市场需求，为农村全民健身工程提供了重要的支持，是一种兼具公益性和市场化特征的管理方式。

市场化管理主要适用于经营型群众体育活动。这类体育活动完全以市场为导向，通过市场化运作满足农村居民的多样化体育需求。《关于推进体育助力乡村振兴工作的指导意见》指出，随着“村 BA”模式的火爆，体育助力乡村振兴已有先例可循，注重引导培育乡村体育产业多元化业态，深化体旅农商融合发展，支持有条件的乡村因地制宜举办群众喜闻乐见、丰富多彩的体育赛事活动，特别是适合全家庭参与的乡村体育主题赛事。市场化管理要求俱乐部及时捕捉市场变化，积极调整服务内容和经营策略，以充分发挥市场机制的作用。通过提升服务质量和吸引力，这种模式不仅能够促进俱乐部的可持续发展，还可以带动农村体育消费市场的繁荣。

这三种管理模式各有侧重，互为补充，共同构建了农村体育事业发展的多元化管理体系。在实践中，合理选择和结合这些管理模式，可以更好地满足农村居民的体育健身需求，推动农村体育事业朝着更高质量、更广覆盖的方向发展，为实现全民健身的目标奠定坚实基础。

第二节　新型城镇化进程中农村基层体育组织管理体系建设

一、当前农村基层体育管理系统

农村体育的基层组织管理主要包括三个方面，即县级体育组织、乡镇体育组织、村体育组织，每一个方面都有其各自的职能定位。农村基层体育管理系统如图 5-1 所示。

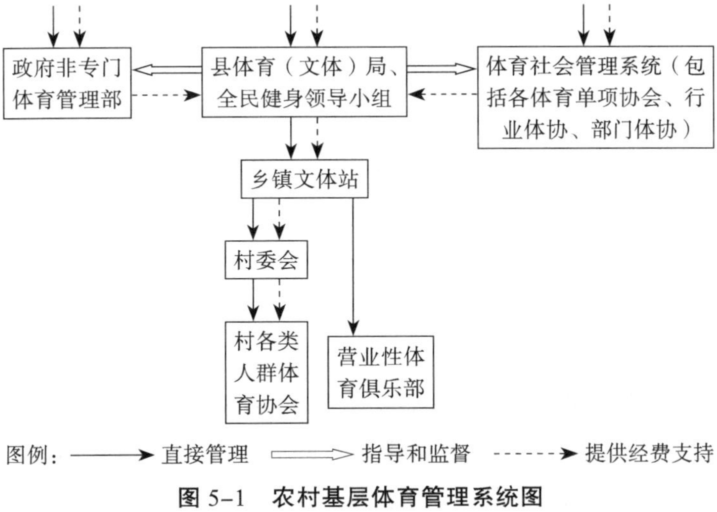

图 5-1　农村基层体育管理系统图

我国农村体育管理机构的组成因素有两部分：一个是政府管理系统，另一个是社会管理系统。农村政府体育管理机构是管理农村体育的主要组织机构，可以将其具体分为两个管理系统，即专门体育管理系统和非专门体育管理系统。

（一）农村基层体育政府管理系统

1. 农村基层体育政府管理机构

目前，我国各级政府体育机构中都没有设负责农村体育的专门管理机构，如国家体育总局的群众体育司，各省市县体育局（文体局或教体局）中的群体处、群体科等，农村体育主要由各级体育局负责监管。因此，县体育局是管理农村基层体育的核心部门，乡镇一级的体育管理部门是文体站，村级没有设立相应的体育管理专门机构。政府非专门体育管理系统和农村体育社会管理系统对农村体育的辅助管理职能一般只停留在县（区）一级，到了乡镇一级就较少设立相应的管理机构。

县体育局是当地县政府直属的政府机构，在业务上受市体育局的领导，同时又在人事、财务等方面受县人民政府的行政领导，它的主要职能是领导、协调、监督包括农村基层体育在内的全县体育工作。

乡镇体育管理机构一般和文化部门合并，称“文体站”。乡镇文体站的主要职能是具体组织，实施农村群众文化、体育工作。许多乡镇把社会建设的重心放在经济建设方面，乡镇体育管理工作一般都由镇领导兼职，只有少数乡镇设有体育专业干部。就目前乡镇文体站的工作状况而言，文体站的工作以开展农村群众文化活动为主，体育活动开展得相对较少，体育组织建设比较薄弱，致使农村基层体育在很多地区存在“盲点”。

村级体育管理是农村基层体育的直接执行者，村级没有设立相应的专门体育管理机构，一般是由村委领导兼职。他直接联系广大农民，组织开展农民的体育活动，是沟通各级农村基层体育领导机构和村级之间的单一纽带，担负着农村基层体育发展的使命。农村基层体育发展的好坏与他工作的执行力度息息相关。

2. 农村基层体育政府管理中存在的问题

长期以来，农村基层体育难以开展，关键就在于缺乏乡镇、村级体育基层组织，各类体育组织基本停留在县一级和部分乡镇，致使村级体育无人过问，农村基层体育没有“落脚点”。管理诸要素中最活跃、最重要的因素是人，但目前的情况是，很多乡镇缺乏管理和组织农村基层体育活动的专干。在现有的体育专干中，也有一部分人因为从事基层群众体育工作条件差、地位低、待遇差而缺乏工作的积极性，致使乡镇文体部门机构形同虚设。

由于农村居住分散，如果没有人组织，体育活动和体育比赛就很难开展起来。究其原因，主要是由于乡镇一级的领导干部普遍对开展农村基层体育活动的重视程度不够，没能很好地担负起对农村基层体育工作的领导、协调和监督职能，从而影响了农村基层体育工作的开展，致使农民对农村基层体育管理工作的意见比较大。因此，加强农村基层体育机构建设，特别是加强村级体育机构建设是农村基层体育工作中一项重要而紧迫的任务。

（二）农村基层体育社会管理系统

农村基层体育社会管理部门主要包括以下三种类型的机构：一种是县级以下群众组织中的农村体育管理机构，一种是农村基层体育管理的社会团体，还有一种是农村体育管理的民间组织。下面就对较为具有代表性的两种机构加以分析和阐述。

1. 中国农民体育协会

中国农民体育协会于1986年成立，是目前我国农村体育主要的社会管理部门。中国农民体育协会是组织、指导全国农民体育运动的群众性团体，是农业农村部直属正局级事业单位，在农业农村部、国家体育总局的领导和指导下开展工作。中国农民体育协会的宗旨是贯彻执行国家体育法律法规，宣传党和政府有关体育工作的方针、政策，广泛团结农民体育积极分子和农村体育工作者，推动农民体育运动高质量发展，为促进乡村全面振兴和体育强国建设服务。

中国农民体育协会还有其特定的任务，具体来说，主要包括以下内容：

（1）组织、发动和指导广大农民开展体育赛事活动，增强广大农民群众的身体体质，丰富精神文化生活，切实推动全民健身落地落实。

（2）组织举办全国性农民体育竞赛，推动群众体育和竞技体育协调发展。

（3）组织开展农民体育活动、基地的经验交流和宣传推介活动。

（4）培训农民体育辅导员，打造懂体育、爱健身、会组织的农民体育工作队伍，加强农民体育健身科学指导。

（5）引导和组织更广泛的社会力量参与农村体育公共服务。

（6）会同有关部门发掘、整理、研究和逐步推广农村民间传统体育，提出可列为全国正式比赛项目的建议。

（7）组织对外农民体育交流，举办国际农民体育竞赛。

目前，各地农民体育协会的主要现状为：力量较为薄弱，人员少，多数是退休的农业系统的老干部和体育活动的热心分子，专职的体育专业人才较为缺乏。

2. 基层群众体育协会（体育社团）

基层群众体育协会（体育社团）是我国体育管理体制中具有管理与协调职能的重要社会体育组织形式，其主要作用是沟通和联络政府体育机构与民间体育组织。

目前，农村基层体育协会的职能活动主要包括两个方面：一方面是组织各种体育竞赛和组队参加上一级比赛；另一方面是宣传和推动全民健身计划，对下级农村体育组织进行业务指导和辅导活动。

现阶段，我国农村基层体育协会发展较快。从组建类型来看，主要有各类人群体育协会、单项体育协会、农民自发组织的体育协会三种。其中，最多的是以农民自发组织、自我管理为主的民间单项小型化体育俱乐部。

农村体育社团的实际发展中还存在着较多的问题亟须解决，最为主要的问题有：第一，组织不够健全，制度不够完善，农民参与程度较低；第二，性质、功能不够明确，多数依赖于政府，未形成自身的运行机制；第三，政府的宏观控制手段不明确，有关的法律、法规不健全，难以规范社团成员的行为。

二、农村开展体育活动的场地与经费的管理

相关研究资料表明，目前我国农村基层体育场地设施方面是较为匮乏的，农村基层体育投入不足，东西部农村基层体育事业发展失衡。这种状况，与农村基层体育场地短缺之间有着密切的关系。从现有的体育场馆资源分布情况来看，我国城乡体育资源存在着巨大的差别。

组织体育活动、进行体育锻炼不可缺少的一个重要条件就是基本的体育场地和设施。从相关的调查中发现，很多乡镇所属学校的体育场地平时都不对外开放，仅限学校自用；乡镇机关和企事业单位的篮球场、乒乓球台以及棋牌室等，也仅限本单位职工及家属使用，绝大多数都是不对外开放的。由此可以推断出，真正供农民群众使用的体育场地少之又少。私人所有的经营性乒乓球台室、台球室由于经济效益的不理想，数量也越来越少。

经费在体育活动的组织中是非常重要的，贯穿整个过程，从宣传动工到前期筹备，到正式进行，再到总结表彰，都必须有必要的经费支持。但实际情况是，各地投入农村基层体育基础建设的经费非常有限。另外，从相关的调查中发现，人们普遍认为缺乏经费是乡镇开展体育活动所面临的最大困难，同时，这也已经成为制约农村乡镇开展群众体育活动的瓶颈。由此可见，体育经费的严重不足对农村基层体育的进一步发展产生了非常大的阻碍作用。

近年来，国家和地方政府对农村基层体育的投资力度进一步加大，但是，相较于广大农民对体育文化的需求来说，我国在农村基层体育投入上仍存在着严重不足的问题。同时，再加上农村基层体育管理机构不健全等，没有合理且充分地利用现有的有限体育资源。

三、农村体育指导员的管理

关于体育指导员的管理，有相应的法规和制度。《社会体育指导员国家职业标准》（以下简称《标准》）是鉴定工作的基础和引领，自 2001 年发布以来，鉴定工作蓬勃发展，截至 2018 年 8 月底，全国已累计培养社会体育指导员 21 万余人。《标准》是我国

社会体育指导员职业化进程迈入了实质性发展阶段的重要标志。实行社会体育指导员资格认定制度，对规范社会体育指导员人才质量起了重要作用。

《标准》中的社会体育指导员指在群众性体育活动中，从事运动技能传授、锻炼指导和组织管理工作的人员。他们的主要工作任务：提供健身项目和健身方法咨询；制订健身计划和方案；讲解、示范技术动作，指导参加体育活动的人员掌握、提高运动技能；检查运动场地、器械的安全性，为参加体育活动的人员提供安全保护；评价体育锻炼效果；组织管理群众体育活动。本职业包含但不限于下列工种：游泳指导员、滑雪指导员、潜水指导员、攀岩指导员。

（一）社会体育指导员技术等级称号

社会体育指导员技术等级称号由低到高分为：三级社会体育指导员、二级社会体育指导员、一级社会体育指导员、国家级社会体育指导员。

（二）社会体育指导员申请审批

各级体育主管部门或经批准的协会按照社会体育指导员技术等级标准，批准授予相应等级社会体育指导员称号。

1. 县级体育主管部门批准授予三级社会体育指导员技术等级称号。
2. 地（市）级体育主管部门或经批准的省级协会批准授予二级社会体育指导员技术等级称号。
3. 省级体育主管部门或经批准的全国性协会批准授予一级社会体育指导员技术等级称号。
4. 国家体育总局批准授予国家级社会体育指导员技术等级称号。

（三）社会体育指导员组织管理

国家体育总局主管全国的社会体育指导员工作。县级以上地方体育主管部门负责本行政区域内社会体育指导员工作。各级体育主管部门应当将社会体育指导员工作纳入体育工作规划，列入工作考核评价体系，为社会体育指导员开展志愿服务提供保障，依法对社会体育指导员工作进行管理、指导、监督。社会体育指导员由其开展志愿服务所在地的县级体育主管部门实行属地管理。

（四）社会体育指导员培训教育

社会体育指导员培训教育分为技术等级培训和继续培训。培训教育费用由各级体育主管部门或经批准的协会承担。国家体育总局制定社会体育指导员技术等级培训大纲，组织编写培训教材，确定培训办法。地方各级体育主管部门和经批准的协会可根据实际需要，组织编写补充培训教材，并报上一级体育主管部门备案。社会体育指导员培训教育工作由社会体育指导员培训基地承担。

（五）社会体育指导员的不足之处

由于我国社会体育指导员体制发展较晚，存在一定的不足之处。其中较为常见的有：第一，没有明确社会体育指导员的种类和分工；第二，社会体育指导员的资格认定基准没有得到同意，有些指导员的素质和能力不达标；第三，社会体育指导员的组织管理不够健全，还没有形成全国性的社会体育指导员组织；第四，在社会体育指导员的培训过程中，讲授时间和内容不够充分。

为了解决上述问题，就必须完善社会体育指导员的相关体制和管理网络系统，将各个局部的优势充分发挥出来，弥补局部的不足，更充分合理地利用我国目前十分紧缺的社会体育指导员资源，使社会体育指导率得到有效提高。

另外，为保证系统稳定有序运行，社会体育指导员组织系统必须建立起来。同时，还要将国家和地方的社会体育指导员协会等组织建立起来。对于社区来说，应将体育管理委员会、体育俱乐部、社区体育指导中心等组织建立起来，将社会体育指导员在群众体育发展中的作用充分发挥出来。

四、新型城镇化进程中我国农村基层体育组织管理存在的问题与解决对策

（一）新型城镇化进程中我国农村基层体育组织管理存在的问题

1．组织管理层次不尽合理

根据管理学理论，可以将省级以上的体育组织视作高层管理组织，县、市级体育组织视作中层体育组织，而县级以下的体育组织视作基层体育组织。很明显，我国农村体育管理系统并没有呈现出“金字塔”式的管理结构，表现为缺少数量庞大的基层体育组织作为支撑，从而造成农村体育工作的开展经常停留在计划层面，而缺乏明确的责任主体和执行主体。

2．管理效果欠佳，管理效率低下

农村体育工作本质上是一个管理过程。一般而言，管理是由计划、组织、领导、协调、控制五项基本职能按照先后的顺序构成的一种活动。综观农村体育管理过程，我们很难评定农村体育在管理上实现了一个完整的过程。五项职能中计划职能执行相对较好，而组织、领导、控制职能基本无从谈起。显然，我国农村体育管理工作，在组织阶段的先天性不足导致了管理的其他职能未能充分发挥。由于农村体育管理工作缺乏明确的基层执行主体，农村体育工作要么就表现出较大的随意性，要么就名存实亡。

3．行政主导的正式体育组织与民间社会体育组织对接困难

长期以来，我国农村体育行政部门与民间社会体育组织之间的分工不明、协作机制缺乏，造成了二者工作对接困难。比如，县级体育行政部门与村民委员会之间的对接，

县级体育行政部门与文化站之间的对接等。

（二）新型城镇化进程中我国农村基层体育组织管理问题的解决对策

1. 延伸国家体育行政组织至乡镇一级的文化站，并在行政编制上予以保证

文化站作为政府专门负责农村体育事业的部门，在人事上接受乡镇政府的领导，在业务上接受上级体育行政部门检查指导。乡镇政府制订严格的工作计划、任务目标和考核标准，将农村体育工作纳入基层干部的政绩考核内容。

2. 完善社会发展统计指标体系，增加体育统计指标的数量

增加一些与社会体育相关的统计指标，如人均体育场地的面积、体育人口的比例、举办体育赛事的次数、农民体质监测数据、社会体育指导员的数量等。这样不仅能更加真实地反映出各个地方的体育事业开展情况，而且能够提高体育事业在政府官员的政绩考评中的权重。此外，还要加紧出台《体育法》和《全民健身计划纲要》的配套实施细则，制定明确的违规惩处细则，并加大体育执法力度，从而使农村基层体育工作做到有法可依、违法必究。

3. 在当前“科学发展观”和“和谐发展观”的指导下，加大宣传力度使农村基层行政领导明白开展农村体育的重要意义

重视对文化站和村委会干部的体育知识培训与业务指导。采取引进和外出相结合的办法对基层干部进行培训、考核，同时，对做出突出贡献的干部予以物质和精神奖励。

4. 明确文化站在组织农村基层体育事业中的领导核心地位

村委会在业务上接受文化站的垂直领导，并具体执行和落实各项农村体育方针、政策。建立、健全有关法律法规，明确各类体育组织的职能、权力和责任，厘清文化站、村委会与其他各种类型体育组织之间的关系，归口管理并加强相互之间的协调合作。

第三节 中国农村基层体育管理体制与运行机制的构想

一、中国农村基层体育管理体制改革的指导思想

当前，我国农村体育基层管理体制在推动农村体育发展的过程中仍存在一些突出问题，其落后性已成为制约农村体育事业进一步发展的重要瓶颈。现有的管理体制普遍面临职责不清、资源分散、缺乏有效监督等问题，导致基层体育活动组织能力不足、公共体育资源供给有限、管理效率低下。这种状况直接影响了农村居民参与体育活动的积极性和农村体育事业的整体发展水平。

具体而言，现行体制的弊端主要表现在以下方面：一是职责划分不明确。农村体育管理涉及多个部门，但职能交叉、责任分散，导致管理工作缺乏协调性。二是资金投入

不足且分配不均。现有体制对农村体育的财政支持力度较弱，资源主要集中在城市，农村地区的体育设施建设和维护长期滞后。三是专业人才匮乏。基层体育管理人员和教练员数量不足、专业素质偏低，使农村体育活动的组织和指导难以达到应有的效果。四是群众参与度低。由于管理体制落后，农村体育活动形式单一、覆盖面窄，无法充分满足农民的多样化需求。

面对这些弊端，改革农村体育基层管理体制已显得尤为必要。通过改革，可以重新明确管理职责，理顺部门间的关系，提高资源配置的效率。同时，加大财政投入，优化资金使用结构，可以有效改善农村体育设施短缺的现状，提升农村居民的体育参与条件。此外，引进和培养专业化的体育管理和指导人才，将为农村体育活动的可持续发展提供智力支持。更重要的是，改革能够促使管理体制向更加市场化、社会化的方向转型，激发农村体育发展的内生动力。

综上所述，只有通过对农村体育基层管理体制进行系统性改革，才能从根本上扭转农村体育发展的落后局面，全面提升农村居民的健康水平和生活质量。这不仅是实现全民健身目标的重要组成部分，也是推动乡村振兴和共同富裕的必然要求。

我国农村基层体育管理体制改革的指导思想：坚持以党的“三个代表”精神为指导思想，以“发展体育运动，增强人民体质”为宗旨，以加强社会主义精神文明建设为己任，以改革管理体制和完善运行机制为主线，建立由政府宏观调控、社团具体操作、政府与社团相结合的农村基层体育管理体制。

在社会主义市场经济条件下，这种体育管理体制必须具有一定的优越性，具体来说，可以从以下几个方面得到体现。

（一）要对一切积极因素的调动有利

必须改变当前农村体育主要依靠国家拨款和行政手段管理的局面，建立适合中国国情的体育资源配置机制。究其原因，主要在于，这样才能够达到两个重要目标：一个是能有效地发挥社会主义集中力量办大事和实现体育总体目标的优越性，从而使《全民健身计划纲要》的贯彻执行得到保证，充分调动农民参与体育锻炼的积极性；另一个是要能充分调动体育社团支持和参与管理的主观能动性，从而使农民对体育多样化的需求得到较好的满足。具体来说，在结构调整上，要纵向放权以实现层次化管理，横向分权以实现社会化管理，使中央和地方各级体育行政管理机构、体育社会团体各司其职，各尽其能；同时，还要能做到与教育、卫生、文化等部门的联合，充分利用其他部门的优势，把农村基层体育管理机构建设成为一个开放的体系。

（二）要对农村体育事业的可持续发展有利

当前，农村基层体育组织管理松散的状态也是需要改变的，从而使规范化、法制化管理得以实现。从宏观管理上来说，要做到以下两个方面的要求。一方面，要完善农村基层体育管理的法规制度，做到不因领导喜好与否的主观倾向为转移；另一方面，则要将社会化的农村体育组织网络和能够满足多层次体育健身需求的服务体系建立起来，狠抓体育科技含量，加快农村体育健身需要的公共体育设施建设，努力实现体育资源的优化组合和有效地开发利用，将一支热爱农村体育公益事业建设的农村体育骨干队伍建设起来。

（三）要对农村经济建设的促进有利

从体育建设上来说，不仅要服从经济建设，还要在此基础上，将体育建设与地方经济发展的辩证关系搞好。具体来说，就是不仅要对体育对经济发展的依赖性有充分的认识，不好大喜功，过分夸大体育对经济建设的推动作用。同时，还要看到体育对经济建设的重要推动作用。

（四）要对不同经济发展水平地区的均衡发展有利

要将政府机构的政策调控优势充分发挥出来，在进一步推进沿海经济发达地区农村体育的建设，实现质的飞跃的同时，还要将中、西部经济落后的农村充分考虑其中，从而达到量的改变，进而对区域体育协调发展起到积极的促进作用。构建我国未来农村基层体育管理体制模式和运行机制模式，必须从本地区的经济、社会和文化发展的实际为出发点，来对与社会主义市场经济体制相适应、符合我国农村体育发展规律的新型基层群众体育管理体制和运行机制进行深入探讨。

二、我国农村基层体育管理体制的未来构想

以乡镇为主体，由政府调控，依托社会组织管理，依靠社会和群众支持，自主发展的政府与社团结合型农村基层群众体育管理体制（图 5-2），是我国未来农村基层群众体育的管理模式。

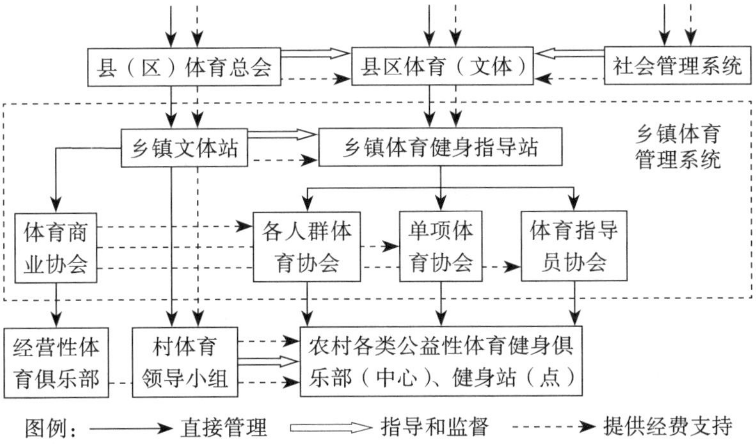

图 5-2　乡镇体育管理系统图

（一）我国农村基层体育管理模式的理论依据

第一，脱离政府管理的社会团体主导型体育管理体制在我们国家是不具备生存发展的空间和条件的。

第二，政府管理型体制在具体事务管理和承办上力量不足，需要社团的参与。

第三，我国是按照中央政府统一领导，全国、地方各级人民政府分级管理的原则管理国家事务。

第四，政府与社团结合型的体育管理体制是国际社会共同认可的发展趋势。

从以上几个方面的理论依据中可以得知，当前政府与社团结合型群众体育管理体制是发展基层群众体育的最佳选择。

（二）我国农村基层体育管理体制的特色体现

1. 农村基层体育管理体制的特点

第一，政府部门侧重宏观和政策规划管理，体育社团承担具体的事务性工作，双方相互协作、相互协调、相互支持。需要注意的是，这种管理体制的机构性质是一种准行政机构，其能够将政府的意志体现出来，对于政府实现农村体育目标是有所帮助的。

第二，乡镇体育健身指导站是未来农村基层体育管理的主体，其主要职能为由政府部门移交的管理职能，操办群众体育的具体事务性工作。

第三，乡镇体育协会是连接县级体育总会与村级农民体育俱乐部的中间环节，受体育总会的直接领导，其主要职责在于：对各类农村基层体育俱乐部（中心）、健身站（点）等进行具体的管理，对村级体育活动的主体——各类基层农民体育俱乐部进行指导和管理，并对辖区内的各类体育场地设施进行协调使用。

2. 未来农村基层体育管理体制的优势

第一，能够充分发挥出县（区）体育总会的管理职能。

第二，能够进一步强化乡镇一级的体育组织机构。

第三，使村级体育管理得到落实。

第四，进一步加大农村体育指导员队伍建设力度

另外，还需要强调的是，在这种管理体制下，可以采用两种不同的管理模式：一种是对农村体育健身俱乐部（中心）和健身站（点）实现公益型管理；另一种是对农村经营性体育俱乐部实现市场化管理。

三、我国农村基层体育管理运行机制的未来构想

（一）筹资机制要进一步完善

未来农村体育的资金筹集方式仍以国家拨款和各级农村社会体育管理系统资助为主，社会融资为辅。农村体育基础设施建设对资金投入的要求较高。因此，政府投资倡

导、地方配套投资相结合，进行农村基础设施建设的办法是较为可取的。社会融资，实际上就是鼓励地方乡镇企业，对家乡的体育建设出资出力，以冠名权的形式，吸引农村社会个人和集体慷慨解囊。除此之外，政府还要对农村体育实体加以扶植，兴办农村经营性体育俱乐部，给予税收上的优惠，从而使农村体育逐步向实体化、产业化方向发展得以顺利实现。

（二）政府调控机制要进一步完善

过去直接管理和包办的做法已经不适应当前社会的发展了，这就要求政府的调控要彻底摆脱这一现状，在管理上要将政府的调控职能体现出来，从统领全局、把握方向的高度，将国家意志体现出来，协调地方各部门的利益关系，从而使农村体育朝着健康、科学的方向发展。

（三）监督机制要进一步完善

在建立起新的体育管理体制之后，必须建立强有力的监督管理机制，这样才能使各机构各负其责、各司其职。监督的办法主要有核心监督、专业化监督、民主监督三种，它们之间是互相制衡的关系。

（四）将社会化机制建立起来

人民群众的创造性是不可估量的，这就要求首先要尊重农村地方习俗，并且以农村社会发展的需求为主要依据，抓紧做好三件重要的事情，即建设好身边的场地、抓好身边的组织、搞好身边的活动，从而为农村体育的社会化实现创造良好条件。

（五）将评估机制建立起来

在未来的管理模式中，政府对体育社团组织的管理并不是直接进行的，而是通过对其业绩、工作效果的评估来进行间接管理的，规范和引导各级各类体育组织的工作和行为，从而达到服务和服从于政府的体育目标。需要强调的是，这种评估标准应是依据建立在科学性与适用性基础之上的可量化标准。通过一定的组织系统将在实施《全民健身计划纲要》工作中的优劣评定出来，从而为农村体育活动的顺利开展起到进一步的推动作用。

四、我国农村基层体育管理体制的实施途径

我国农村基层体育管理体制要想顺利实施，需要采取的相关途径主要有以下几个方面。

（一）中央向地方及体育社团放权和分权

在贯彻“管办分离、政事分开”原则的基础上，把政府过于集中的权力分散开来，通过纵向放权使层次化管理得以实现，通过横向分权使社会化管理得以实现，将体育管

理体制从现在的线性结构改革为矩阵结构，从行政命令式的“垂直管理”改革为资源共享、优势互补的矩阵式管理。

（二）以市场经济规律为依据进行职能定位，使目标管理进一步完善

关于职能定位，主要是指明确体育行政机构和社会团体的基本职能。具体来说，体育行政机构的基本职能是：制定群众体育发展战略，并指导实施；制定相关的政策法规条例，并监督执行；宣传《全民健身计划纲要》；建设体育场馆设施；协调区域性体育发展，为不同经济发展水平地区的居民提供平等参与体育的机会，确保人人享有体育的权利；提高竞技体育水平，对群众体育起到示范作用。体育社团的基本职能是：承担对群众体育的直接管理职能，以及负责群众体育的具体事务性工作，如活动的组织与策划、群众体育赛事管理、专业人员的培训、体育健身知识讲座、体育产业经营与开发、对经营型体育组织的行业规范化管理和行业自律教育等。

在目标管理上，国家体育总局代表国家和人民的意志，确立群众体育发展总体目标和长远规划。在新的管理体制下，农村基层各级体育行政机构和体育社团，以国家制定的群众体育发展总体目标和长远规划为主要依据，与本地区的实际有机结合起来，将本地区切实可行的近期、中期和长期目标及规划制定出来。

（三）体育组织之间的关系逐渐转化为协议化的关系

新的管理体制对农村体育行政机构与体育社团之间的关系提出了新的要求，即地位平等的协议化关系逐渐取代了原来的上下级关系。另外，还需要强调的是，协议化关系必须遵循平等、自愿、协商、公平以及权责利相统一的原则。

（四）进一步推动和加快体育运动资源的开发利用

首先，对体育场馆设施建设的投资力度要进一步加大。

其次，各级体育行政机构要在当地人民政府的领导下，有计划、有组织、有步骤地将公共体育场馆设施向社会开放。

最后，要对农村户外体育运动资源进行较大程度的开发，通过建设、开放、开发三种渠道，使我国农村公共体育场地设施不足的状况得到有效改善，从而使体育资源综合利用的目标得以顺利实现。

（五）农村社会体育指导员队伍的培养速度要进一步加快

使农村社会体育指导员选拔、培训和向村民提供服务方面进一步加强，需要从以下几个方面着手。

首先，从本地农民中选拔社会体育指导员，主要的对象为农村中小学体育教师、农村离退休干部、农村体育爱好者和热心分子等，使当前由部分农村干部或体育行政部门干部挂名的，有名无实的现象得到有效改善。

其次，对农村体育指导员的上岗前培训和等级考核要进一步加强，使他们的业务素质得到提高，培训经费可由个人和政府共同承担。

最后，采用无偿、低偿和有偿相结合的方法，以当地农村体育指导员培养经费的实际情况为依据，为农村体育指导员提供服务，其中主要提供低偿服务。

第六章

中国农村体育发展模式与对策

我国新型城镇化战略的实施和农村新型城镇化进程的加快推动了农村体育的发展，同时农村体育的不断发展也会积极影响新型城镇化进程。因此，要推动农村体育进一步发展，实现农村新型城镇化建设目标，就必须以新型城镇化为背景努力探索新的发展战略，采取有效的措施为实现农村体育事业的快速发展提供建设性的参考。本章主要就新型城镇化进程中我国农村体育发展战略进行研究，主要内容有国外体育事业的发展及对我国农村体育的启示、我国农村体育发展模式及发展对策。

第一节 国外社区体育发展模式及其对我国农村体育的启示

与国外发达国家相比，我国的新型城镇化建设还处于相对落后的局面，新型城镇化水平远远落后于这些国家，因此，我们可以借鉴和吸收国外发达国家新型城镇化建设中体育事业发展的先进经验，拟为我国农村体育事业发展服务。

一、国外体育发展的特点

（一）美国体育发展的特点

1. 美国政府和主要领导对大众体育的开展十分重视

美国有关政府部门针对大众体育的开展发布了一系列的政策与文件，提出能够推动大众体育开展的措施，并对具体的健身日、月做了规定。政府各阶层人员都身体力行，积极参加体育活动，树立了良好的榜样作用。

2. 用科学理论对大众体育活动的开展进行指导

用科学理论对大众体育活动的开展进行指导，并出版了大量与健身指导有关的书籍，使美国民众在科学理论的指导下合理参加健身活动，提高了健身效果。

3. 为全民健身营造良好的社会舆论氛围

利用电台、电视、报纸、杂志、网络等传播媒介对有关体育健身的信息进行报道，使人们在耳濡目染中自觉参与体育锻炼，养成良好的体育健身习惯。

4. 开放了大量的体育场馆供人们进行体育锻炼

体育人口、人均拥有体育场馆数量及锻炼空间在全世界位居前列。

（二）日本体育发展的特点

1. 日本体育组织机构大都是半官方性的，主要由日本业余体育协会负责

日本政府在体育领域的投入比较少。体育全部经费中，只有小部分经费来自政府投入，业余体育组织要自行解决其他经费问题。

2. 日本非常重视青少年体育的发展，强调培养青少年的体育兴趣与体育能力

日本政府针对青少年在全国成立了大量的体育俱乐部和体育培训学校，并加强体育骨干队伍建设，使其对青少年体育活动进行指导。

3. 日本鼓励中老年人参与体育活动

日本鼓励中老年人参与体育活动，并且在体育比赛中对适合中老年人参加的体育项目进行了专门的安排。

4. 日本建设了大量体育场馆

日本人的体育锻炼空间非常广阔，因此体育人口也在逐年提升，体育人口的增加又对体育场馆设施的建设具有刺激作用，所以形成了良性循环，大力促进了体育的发展。

二、国外体育事业的发展趋势

（一）参加体育活动的人数日益增多

近年来，世界体育形势发生了明显的变化，体育活动的参与者越来越多，发达国家体育人口的增长速度非常迅速，每日平均运动时间也比之前有了增加。

总的来看，各国体育人口中，男性要比女性多，年轻的体育人口要比老年人多，但这一情况正在逐渐改观。但在美国，60 岁以上的老年人中有大部分比例的老年人都是长期坚持锻炼。

澳大利亚等国的体育学者认为，体育人口增加对经济增长十分有利，见表 6-1 所示。

（二）政府大力扶植体育事业的发展

在西方国家中，加拿大是政府直接管理体育的一个典型国家。在政府健康与社会福利部下又设立了健身与业余竞技体育部。美国联邦政府没有体育职能部门，但美国也推行了一系列计划与政策来支持体育事业的发展。

虽然欧洲各国的体育体制各有特点，但有一个基本的共同点就是政府都在干预体育事业方面，对体育事业都进行了巨额投资。

表 6-1　澳大利亚推算参加体育活动的人口每增加 10% 所带来的经济效益（单位：澳元）

		10%	20%	30%	40%
收益	预防心脏病	103.8	207.6	311.4	415.2
	预防腰腿疼	48.8	97.6	146.4	195.2
	缺勤率减少	84.8	169.6	254.4	339.2
	生产性提高	414.0	828.0	1 242.0	1 656.0
花费	受伤	33.2	66.4	99.6	132.8
	死亡	28.0	56.0	84.0	112.0
总收益		590.2	1 180.4	1 770.6	2 360.8

（三）大众传媒进行广泛的体育宣传

在体育活动开展中，体育传媒发挥着非常重要的作用。国外经常会设计煽动性的口号来号召人们参加体育健身锻炼。例如，在法国政府的赞助下，法国心脏基金会曾开展了跑步或慢走活动，活动名称为“心脏健康之路”，并将“体育为健康所必需”作为活动的口号。据统计，美国每年体育电视节目时间多达 1 700 小时左右，欣赏体育节目的观众非常多，体育节目成为各国宣传与推广体育活动的一个主要手段。德国大造体育舆论，以此来宣传体育运动，这也是德国体育能够取得成功的一个重要路径。

（四）体质测试和运动指南促进体育科学化

在体育活动开展的过程中，体质测试是一项非常基础的工作与重要的任务，各国对此都很重视。法国政府制定了体能普查制度，以测定结果为依据对学生体质进行分类，对不同体质类型的学生分别对待，以增强学生的体质健康，对体质检测合格者颁发相应的证书。加拿大政府开展健康大调查，调查对象主要是 7 岁以上之国民。美国针对国民的体质健康问题长期进行跟踪测试和调查研究。

日本的体育普查和测试形式有很多，以此来了解国民体质和体能状况，并将此纳入法制化轨道。德国有些地区由人寿保险公司出资开展体能测试工作。许多国家都普遍以体能测试结果为依据给予运动指南。不管是在俱乐部，还是在健身中心，都有医务人员和相关指导人员进行监测，指导人们科学、安全地参与健身活动。例如，前国际运动医学联合会主席霍尔曼教授通过多年的经验和研究指出，青少年儿童最好每天坚持参加体育锻炼，70 岁以下成人的锻炼频率以一周 3 次为宜，70 岁以上的老人以一周锻炼 2 次为宜，每次锻炼时间为半小时到一个半小时。运动强度控制在“心率 =180 – 年龄”这一幅度。

（五）户外运动成为主流

随着西方国家工业化与新型城镇化的兴起与发展，西方户外运动也逐步产生，户外运动大都是在利用自然资源的基础上开发的，如森林、山地、草地、水库、湖泊、河流等。因为户外运动极具休闲性和娱乐性，所以广受人们欢迎。第二次世界大战后，各国政府对开展户外运动都比较重视，因此，西方国家的户外运动热潮持续了很长一段时间。美国是发展户外运动最具代表性的一个国家。有关研究表明，在美国，每年经常参加户外运动的人有 50%，偶尔参加户外运动的人有 16%。在美国联邦政府中，向人们提供户外运动机会的机构有 70 多个，政府森林服务处、国家公园服务处是提供机会最多的两个机构。其他国家也有向国民提供户外运动机会的组织机构，如日本的自然环境与环境厅、经济产业省、公园与建设省；英国的环境部等。正因为这些政府机构给国民提供了大量的户外运动机会，才使得人们不同层次的体育需求得到了满足。

国外体育生活丰富多彩，各国主要通过以下形式来推行体育。

第一，组织俱乐部、健身中心的体育活动。

第二，开展体育节、文化节、国民体育大会。

第三，推动体育制度化、经常化开展。

第四，采用体育与旅游相结合的特殊形式。

三、国外体育事业发展的经验

国外体育事业经过漫长的发展后，积累了以下对我国农村体育发展具有借鉴作用的经验。

（一）健全机构，完善立法，统一领导

许多国家通过建立体育组织机构，建设自上而下的管理体制来推动体育运动持久而广泛的开展。如美国成立“总统健康和体育委员会”，教育民众应重视体育活动，提高民众的体育意识，鼓励学校、工厂、政府部门开展体育活动。

美国的社会组织既有独立的，也有不独立的，还有半独立的，这些组织都是由各种社会力量结合起来而形成的，有力推动了美国体育的发展。这些组织既有专门的社会体育组织，也有各种自发形成的与体育有密切关系的组织，也有关于体育的种族团体等。在体育的组织管理方面，这些组织的独立性和自治性都很强。

美国政府将开展体育作为促进社会发展的一个重要途径。社区政府的休闲和公园管理部门主要负责基层体育的组织与管理。联邦政府通过立法、提供物质支持来实施体育管理，促使公民参加体育活动的权利不断强化，使更多的人有机会使用休闲场地和体育设施。州政府的体育职责主要体现在三个方面：第一是对各州户外休闲计划进行制订，第二是对联邦基金进行管理，第三是对社区的体育活动进行监督。

美国政府主要通过法律手段来实施体育宏观管理和调控。这些法律法规包括相关的公共立法，与专门的体育立法有一定的区别。这些立法可以使公民参与体育活动的平等

权利得到保障，使公民使用体育基本设施的机会得到保障，而且可以使学校体育教学的质量得到保障，以及社会体育组织的作用得到最大程度的发挥。但整体而言，这些立法的时效性很突出，没有连续性，所以难以长期稳定地支持体育的发展。

美国有很多体育机构保障体育运动的健康发展，美国业余体育联合会是非常著名的机构之一。早在20世纪中期，美国就开始了体育立法，以此来保障体育的发展。

日本的体育组织既有全国性的组织，也有地方组织，如业余体育协会就是全国性组织，地方体育组织主要由都、道、府、县设立，这些组织在体育发展中发挥着不同的作用。

（二）拓展经费筹集渠道

开展体育活动需要解决的首要问题就是经费问题。世界各国都会从本国国情和经济发展状况出发制定筹资办法。美国政府高度重视体育的发展，在这方面投入的经费数额是巨大的，经费主要用来修建体育场馆、出版体育书籍，因此，美国人均拥有的体育场馆面积居世界前列，体育书籍对人们的健身活动给予了非常重要的指导。美国媒体也很注重宣传体育，因此，美国体育人口要比其他国家更多一些。美国体育经费的筹集方式主要有财政资助、俱乐部会费、企业赞助、体育彩票、体育基金会、体育广告等多种渠道。德国体联的收入主要来源于德国体育资助基金会、俱乐部会费、体育赞助、体育彩票、体育广告收入等几种渠道。

日本很早就开展了体育活动，日本的体育活动内容和形式丰富多样，日本很重视培养青少年体育锻炼的兴趣，并鼓励中老年人积极参与体育健身锻炼。日本业余体育协会主要负责体育发展和场馆建设，其资金主要来源于政府拨款、企业赞助、会费收入及自身收入等几种渠道。其中，政府拨款占比较少，企业赞助、会费收入、自筹为协会收入的主要来源。

（三）发挥媒介宣传作用，扩大影响

许多国家广泛利用宣传媒介（广播、电视、报刊、网络等）持久进行体育宣传，以提高国民对体育锻炼的认识，使国民对体育锻炼的常识和方法有所了解，从而推动体育的发展。美国每年出版的体育健身和竞技运动图书多达1 200种，出版的体育杂志有300多种，ABC、NBC、CBC等全国性电视台全年有1 700多个小时在播放体育节目。另外，美国还注重通过名人效应来进行体育宣传，从而使宣传效果进一步扩大，促进体育人口的增加。

四、国外体育事业发展对我国体育事业发展的启示

我国体育事业起步晚、起点低，发展速度慢，直到改革开放后，体育事业的发展才慢慢有了起色，但总体发展水平依然较低，还存在许多问题，主要体现在以下几个

方面：

首先，政府在体育事业方面的投入少。其次，我国可供大众进行体育锻炼的公共场馆较少，供不应求，体育人口少。再次，城乡居民参加锻炼的差别大，农村体育发展严重滞后。最后，大众体育参与者存在明显的年龄差异，年轻人很少参加体育锻炼，体质较弱的人及中老年人锻炼的积极性相对较高，这类群体中经常锻炼的人数也比较多。

从影响深远的国家战略到惠及万家的生活风尚，全民健身已融入大众生活，为美好生活增添更多色彩。但我国体育发展状况远远不如西方体育发达国家，如资金投入比其他国家少，人均场地面积较小，体育人口数量在总人口中的比例也不及其他国家，城乡体育发展严重失衡等。我国发展全民健身运动，必须从自身的情况和特点出发来制定对策、实施对策，同时也要借鉴国外体育事业发展的成功经验。国外体育事业的发展给我国发展农村体育带来的启示主要有以下几点。

（一）增加财力投入

全民参与是实施全民健身计划的关键所在，同时还要增加这方面的资金投入。各级政府应明确在体育事业上的拨款比例和逐年的增长幅度，并建立“谁投资，谁受益”的机制，使“竞技体育硬、群众体育软”的状况得到改善。

（二）拓展资金筹集渠道，保障体育基础设施的建设与利用

通过多种渠道筹集体育发展需要的高额资金，政府拨款只是其中一个来源渠道，除此之外，还可通过社会集资、个人投入等方式来筹集。重视投资建设农村体育活动场地，提倡并鼓励社会对农村体育场地设施的投资建设，使现有场地设施的利用效率得到提高。面向社会开放各种场地设施，合理收费。

（三）开发体育市场

面向社会加强对农村体育市场的培育和开拓，建立全民健身基金会，发行全民健身奖券，在市场经济体制下发展农村体育事业，依据市场经济规律来采取决策。

（四）培养农民正确的健康观和价值观

培养农民正确的健康观和体育价值观，使农民意识到体育锻炼对人体健康的重要性，促进农民参加体育锻炼意识的提高和科学健身观念的增强，使农民真切体会到生命在于运动，认识到文明健康的生活方式离不开体育锻炼。

（五）注重体育的组织管理

加强对农村体育管理网络的建立，使农民群众体育团体、基层体育组织的作用得到充分发挥，对不同项目、形式及规模的社会体育指导中心、体育俱乐部、体育协会等组织进行设立，加强对覆盖面广、包容量大、适应性强的农村体育组织管理体系的构建和完善。

（六）加强体育人力资源队伍建设

建立高素质的社会体育指导员队伍，加强对该队伍理论素养、组织能力及技术技能的培养，使其能够真正面向社会、服务群众，对农村体育健身活动进行合理的组织与有效的指导。

（七）注重青少年的体育健康教育

对青少年的体质健康要特别重视，“全民健身计划”的实施要以青少年儿童为重点，社会各方和家长要对青少年的体质健康给予全面的关心。学校体育不仅要对全民健身有关条例严格贯彻，还要加强对青少年儿童的终身体育教育，使其养成良好的体育锻炼习惯，提高其体育锻炼意识与能力，使其终身受益。

（八）采用各种传媒手段加强对体育的宣传

发挥新闻媒介的作用，扩大体育的宣传面，增强宣传力度，促进正确社会舆论导向的形成，出版能够科学指导人们进行体育锻炼的图书和音像制品，从而更好地实施全民健身计划。

（九）弘扬民族传统体育文化

在立足国情的基础上弘扬民族传统体育文化，对具有中华民族特色的传统体育遗产进行挖掘与整理，注重对武术、气功、导引等民族传统体育的积极推广。

第二节 新型城镇化进程中中国农村体育发展模式

在新型城镇化快速发展阶段，如何构建一个农村体育发展模式非常重要，这不仅关系到农村体育本身的发展，而且也影响到我国的新型城镇化建设以及我国整个体育事业的进一步发展。

一、农村体育发展模式概述

（一）农村体育发展模式的概念

农村体育发展模式指的是为与我国社会主义新农村建设的发展要求相适应，在既定外部发展条件的基础上，通过体育事业内部和外部的一系列结构反映出来的资源利用或发展的途径，对农村体育发展的指导思想、基本原则、目标体系、内容体系的理论概括（图 6–1）。

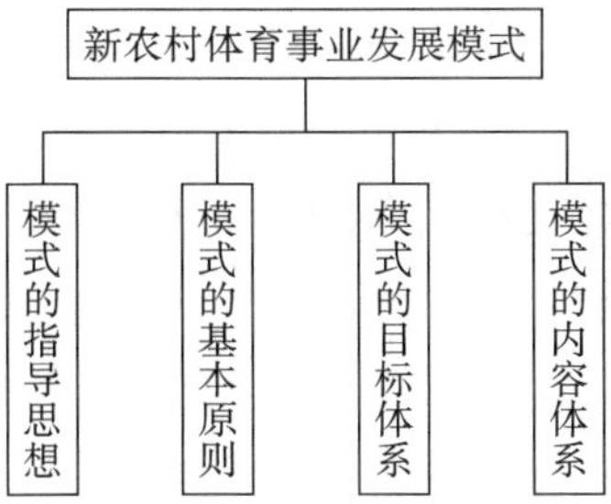

图 6-1 农村体育发展模式图

（二）农村体育发展模式的目标

1. 全民健身服务目标

全民健身服务主要包括四个要素，分别是体育组织服务、体育设施服务、体育指导服务、体育信息服务，为实现全民健身服务目标，应以场地设施为基础，依托体育组织，采取科学的指导方法，并发挥信息的媒介作用，做到扶持建设，提供服务，加强指导，推动发展。在农村体育发展过程中，如果没有落实这些体育服务，那么农村体育的预期发展目标将无法实现。因此，我们要开发多种渠道来筹集农村体育发展资金，加强对多层次、多功能体育设施网的设立，使“村村有体育健身场地”的目标尽快实现，使农民的体育锻炼得到基本保障。此外，要对现代媒体充分加以利用，将其优势充分发挥出来，加强全民健身宣传，使参与体育健身活动的人越来越多，并提供科学的健身指导，使农村体育实现健康持续的发展。实现全民健身服务目标还需构建农村体育公共服务平台，建立和完善农村体育组织，开展多种形式的农村体育活动；构建面向全体农民的体育服务体系，使农民的生活方式更加文明、健康和科学。同时，我们要认真分析农村体育发展过程中的新问题，总结新经验，从而促进农村体育服务水平不断提高，使农民群众的多元化体育需求得到更好的满足。

2. 个体健康目标

个体健康目标包括三个方面，分别是身体健康、心理健康及社会适应能力的提高，只有这三个方面和谐发展，才是真正实现了个体健康目标。这三个方面中，身体健康是基础，心理健康是必要条件，身体健康与心理健康相互影响、相互促进。只有身心健康的人才能更好地适应自然环境与社会环境。农村体育具有健身、健心、娱乐等多元价值，参与农村体育可以实现个体健康目标。因此，在农村体育活动开展中，农民应积极参加，从中体验乐趣，从而促进自身身体机能的改善和身心健康水平的提高，进而提高自身适应能力。

3. 农村和谐发展目标

农村和谐发展包括人与人和谐发展、城市与农村和谐发展。当代社会发展追求和谐，当代体育发展同样将和谐作为追求的目标。在和谐社会中，人与人之间和谐相处，每个人都各尽所能，各得其所，社会每天都在良性运行中，社会发展十分协调。

和谐社会倡导互利双赢，社会中的各个群体都能获得利益。农民是我国最大的一个社会群体，如果农村发展不稳定，整个社会就无法稳定发展。农村如果不和谐，城乡之间不和谐，中国社会的和谐就不可能实现。农村体育和谐发展不止包括人与人之间和谐相处，同时也包括其他方面要和谐发展。农村体育活动的开展不但能够使人参与活动的基本需要得到满足，还能够促进人际关系的和谐。健身活动的组织形式与其他活动的组织形式有一定的区别，一般在轻松愉快的环境中组织健身活动，在这一环境下，人们平等相处，建立了和谐友好的感情。可见，体育活动对增进友谊、改善人际关系有积极的促进意义。

为了使广大农民的体育需求得到更好的满足，在开展农民体育活动的过程中，体育工作者应从自身情况出发对城市体育活动的内容、手段及形式加以借鉴和吸收，从而使农村体育与城市体育的差距逐步缩小，促进城乡和谐发展（图 6–2）。

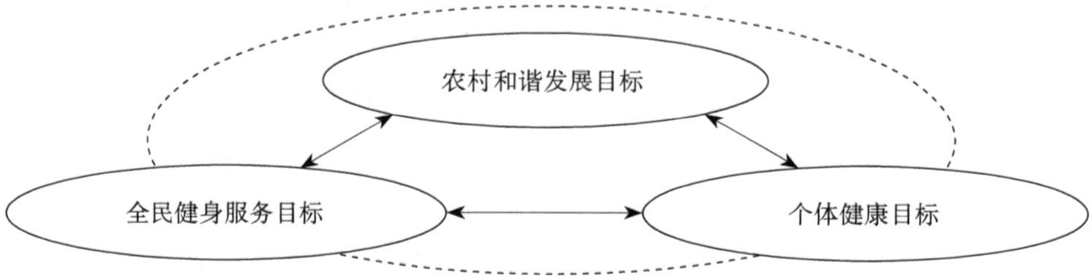

图 6–2　城乡和谐发展图

二、我国现行的农村体育发展模式

不管举办什么活动，发展什么事业，都要制定相应的符合活动或事业发展需求的运行机制和框架模式。我国农村体育事业的发展同样如此，农村体育发展模式的主体框架如下：

首先，以三级组织（县、乡、村）为龙头，带动不同类型与规模的农民体育协会的建立，构建全方位的农村体育健身网络。

其次，以市场机制为内在活力，鼓励社会投资体育健身项目，引导和指导广大农民参与体育活动。

最后，以体育经费投入为基础，加强体育健身场地的建设和硬件条件的改善，让农民有固定的场所参与体育健身活动。

基于以上框架，可以将我国农村体育的现行发展模式归纳为学区体育发展模式、小城镇体育发展模式、民族体育发展模式、产业化体育发展模式以及社区体育发展模式，如图 6–3 所示。

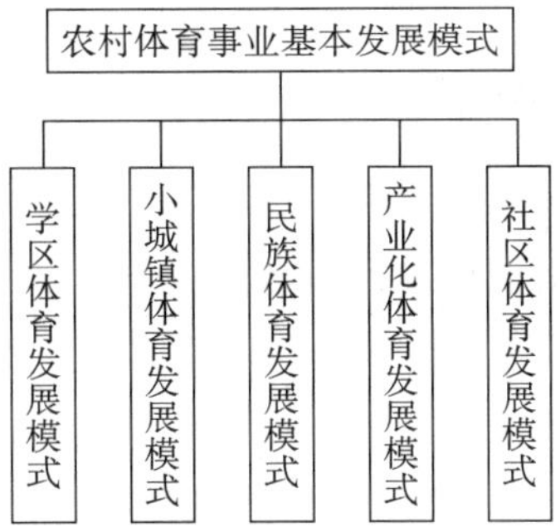

图 6-3　农村体育的现行发展模式图

三、新型城镇化进程中小城镇、学区、社区和家庭四位一体的农村体育发展模式的构建

随着新型城镇化建设的速度不断加快，我国农村体育也在一定程度上借鉴和吸收城市体育发展的先进经验和成果，并且取得了一定的成绩。在新时期，在新型城镇化建设中，构建一个城镇、学区、社区和家庭四位一体的农村体育发展模式具有重要的意义。

（一）四位一体的农村体育发展模式概述

现阶段，我国农村体育事业发展模式存在着资源不统一、全员参与性低、管理静态性的问题。为解决这些问题，在新农村发展目标的指引下，在社会转型的关键时期，改革传统模式，构建与我国新农村发展目标相适应的体育事业发展模式十分必要。

社会、社区和学校在为农民提供体育服务方面没有达到高度的协调，在新农村体育发展指导思想与目标的指引下，我们应科学构建小城镇、学区、社区和家庭四位一体的多元化农村体育发展新模式。

建立四位一体的多元化发展模式有助于打破各单位在体育服务方面的隔离现状，加强资源整合，使农村体育发展中的问题得到有效的解决，使农民体育锻炼和体育教育的需求得到更好的满足。这种多元化发展模式综合了小城镇、学区、社区和家庭的优势，在社会网络大系统中纳入了之前组织分散设立的体育模式，形成了优势互补的格局，使其功能得到了充分的发挥，这对农村体育的协调发展非常有利。

（二）四位一体化农村体育发展模式组织网络的建立

四位一体化农村体育发展模式组织网络如图 6-4 所示。四位一体化体育组织网络不仅能够使农民体育学习时间的连续性得到保障，而且可以延续农民的学习空间，使体育各部门相互沟通协商，保持大目标和大方向的一致性。此外，政府、社会、学校、家庭都会尽力给予不同程度的支持，使农民的体育文化需求得到满足，进一步普及体育文化，提高农民文化生活质量。建立一体化体育组织网络有利于体育社会化局面的形成，有助于多层次、多渠道、网络化的大体育格局的形成，从而推动农村体育事业的可持续发展。

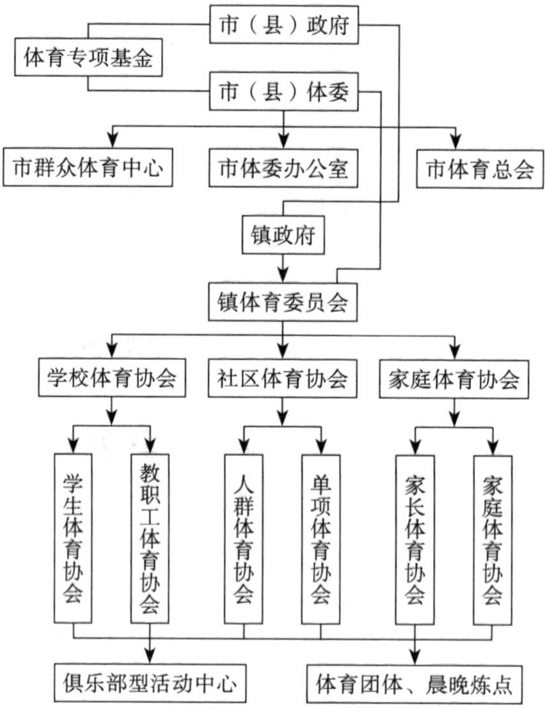

图 6-4　四位一体化农村体育发展模式组织网络关系图

（三）四位一体化农村体育活动内容体系的建立

在多元化农村体育发展模式下，要实现农村体育建设形式的多元化，要开发能够将农村与农民的特点体现出来的内容。农村体育生活方式如何，体育活动内容是否丰富，体育消费有何特点，都能够从体育活动内容的选择中反映出来。如果说文化有“雅文化”和“俗文化”的类型之分，那么体育运动也有“乡土项目”和“时尚项目”之分。农村体育活动内容要能够使农民的体育需要得到满足，符合农民的兴趣爱好，要与农村生产生活特点密切相关，既要有武术、秧歌等带有乡土气息的内容，又要安排健美操、交谊舞等具有现代气息的活动内容。

农民对体育活动内容的选择会受到地理位置、气候、经济状况及人们生活习惯的影响。各地政府应从本地具体情况和人们兴趣、需要出发，将当地自然地理优势充分地利用起来，对体育项目资源进行开发。东部地区经济条件好，可开展网球、游泳、旱冰等对场地设施要求较高，且需要专业指导的项目。中、西部经济欠发达地区应充分利用西部大开发的机遇，整合当地自然资源和民族体育文化资源，在考虑当地地形地貌、气候等自然环境特点的基础上开发登山、攀岩、滑雪、探险、极限运动等特色项目，从而满足人们追求健康、刺激的体育需求（表 6-2）。在经济发展落后的地区，可以开展散步、跑步等经济实用，可操作强，简单易行的项目。

表 6-2　不同地区选择体育活动内容

地区	体育活动内容
东部经济发达地区	散步、跑步等基础活动
	羽毛球、篮球、排球、足球、台球、门球、网球等球类活动
	太极拳、武术、跳绳、气功等民族活动
	体育舞蹈、健美操等形体活动
	登山、游泳、旱冰、钓鱼、滑沙、滑草等休闲活动
中、西部经济欠发达地区	散步、跑步等基础活动
	羽毛球、篮球、排球、足球等球类活动
	跳绳、摔跤、马术、荡秋千等民族活动
	棋牌类等静养性活动
	登山、攀岩、探险等刺激性活动

要深入改革与发展农村体育，必须在“农”字上下功夫，树立特色观念，对农村乡情进行研究与分析，开发富有本地文化气息的特色项目，从而吸引更多的参与者进行体育锻炼。

（四）四位一体化农村体育保障体系的建立

为使四位一体化农村体育发展模式的可持续发展得到保障，以多元化体育发展的目的为依据，立足于小城镇体育、学校体育、社区体育、家庭体育发展的现状，将以资源和制度保障为条件作为发展思路，可将多元农村体育发展模式体育保障体系确定为包括体育经费保障系统、体育设施保障系统、体育服务保障系统、体育人才保障系统及体育制度保障系统等在内的保障体系（图 6-5）。

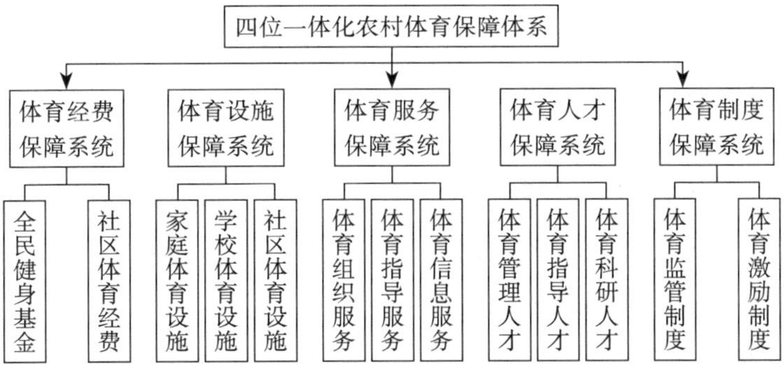

图 6-5　四位一体化农村体育保障体系图

上面提到的农村体育保障体系中的五个系统又各自包含自己的子系统，并以四位一体化农村体育发展目的为依据将每个子系统的工作进行了划分，确立了每个子系统的职责与任务，使各个系统之间相互联系、协调配合，相辅相成，从而使该保障体系的整体功能得到最大限度的发挥。

1．体育经费保障系统

体育发展资金的筹集渠道主要有以下两种：

第一，以政府行政部门为主体，以计划为资源配置手段，以满足政府需求及由此得到的财政投入以及自身拥有的行政权力为动力。

第二，社会协调型的发展模式，以各类事业法人、企业法人、社团法人和自然人为主体，以市场机制为资源配置手段，以满足大众多样化的体育需求以及由此得到的实际利益为动力。

以上两种筹集渠道都有自己的问题与弊端，因此要实行"政府与社会协调相结合模式"。由国家出面进行宏观协调，由当地政府引导基础设施建设，由企业自主进行微观运营，使政府主导与社会协调很好地结合起来，逐步形成国家投资与社会投资，体育主管部门投资与个人投资的多元化投资新格局。

2．体育设施保障系统

建设体育设施保障系统可分以下三个层次进行：

（1）基础设施保障。为了向农民提供丰富多彩的健身设施，保障农民体育锻炼的基本需求，主要应推动体能类健身设施和休闲类健身设施的建设与发展。建设体育场地设施的同时要注意保护农民生活环境，为农民的社交提供便利。

（2）单项运动设施保障。基础体育设施对农村老年居民来说更适用，这些设施因为缺乏趣味性，所以难以吸引青少年参与体育锻炼；而且又因为缺乏功能性，所以对成年人的吸引力也不强。因此，要加强单项运动设施的建设，从而更大范围地动员不同农民群体参加体育活动。

（3）综合性体育设施保障。单项运动设施的效益和利用率比较低，而利用综合性体育设施可开展多种服务，也可大大提高服务质量和效益，有助于农村体育的可持续发展，所以应推动综合性体育设施的建设。

3．体育服务保障系统

构建四位一体化体育服务保障系统的目标是面向所有农民提供体育组织、指导及设施服务，促进四位一体化体育服务网络的形成和体育服务质量的提高，加强体育服务领域的拓展，推动农村体育健康发展。

4．体育人才保障系统

构建四位一体化体育人才保障系统的目标是加强各类体育人才的培养和管理，建设优秀的体育指导员队伍、体育组织骨干队伍及高素质的体育科研队伍，发挥这些体育人才在农村体育发展中的作用，使其为农村体育的持续、健康发展作贡献。

在体育人才培养中，需重点培养的人才有体育指导人才、体育管理人才及体育科研人才。

5. 体育制度保障系统

新模式中农村体育制度保障系统包含以下两个方面的内容：

（1）体育监管制度。农村体育监管制度主要包括体育监督、体质监测与体育管理制度。在制定这些制度的过程中，应加强对体育活动的组织，全面监测农民体质情况，开展健康咨询服务，引导农民进行自我体质监督。

（2）体育激励制度。体育激励制度，主要是通过对先进个人、体育组织等的表彰与奖励来激励农村体育活动正常、有序开展。

第三节 新型城镇化进程中中国农村体育发展对策

一、制定与实施地方体育法规政策

要保证体育事业健康持续发展，就要加强体育法治建设。随着农村经济的不断发展和乡镇机构的深入改革，农村体育在不断发生变化，原先制定的部分法律法规在当前农村体育发展中已经失去了效用，农村体育发展中依然存在一些“不和谐”现象，而不断健全法律法规才是解决这些问题的根本措施。为此，应在对《中华人民共和国体育法》加以贯彻与执行的基础上，通过法律形式对体育工作基本方针的贯彻实施和运行秩序加以保障，将各级政府、企事业单位、社会团体和公民在体育事业发展中的基本权利、义务明确下来。严格坚持“依法行政，依法治体”的方针，促进体育执法力度的提高，加强对体育事业的监督、检查，对体育执法监督体系和执法程序进行完善，充分落实《体育法》和各项体育法规。

此外，各有关部门需以国家现行有效的行政法规为依据，如《国家体育锻炼标准施行办法》《全民健身条例》，健全与完善农村体育法规体系，使农村体育的各项工作都能够有法可依，从而提高农村体育组织管理的效率，使农村体育经费用在实处，使农村体育活动的开展得到充分的保障等。各项工作有法可依后，不要忽视广泛宣传体育法规，加强对良好体育法治环境的建设。这样，农村体育事业的发展才会更加规范、科学、普及。

二、加大政策扶持和资金支撑力度

中央财政可设立专项资金，从而对基层公共体育设施建设和日常维护提供基础支撑。这主要可以从以下几个方面来实施。

第一，对基层公共体育设施的建设提供补充，在公共体育设施较为紧缺的中西部地区投入的资金比例可适当增加。

第二，对公共体育设施的日常维护和运营管理提供补助，通过对基层文化馆的借助来实施补助方法，中央财政对专项经费补助进行合理安排，使此类公共健身场馆面向农村群众免费或低收费开放。

第三，建议退还西部地区上缴中央的体育彩票公益金，将这部分资金用于对西部贫困地区和少数民族地区农村体育设施的建设与维护，从而使西部地区与中东部地区农村体育发展的差距缩小。

三、完善农村体育设施，建立有地方特色的体育基地

随着农村经济的不断发展，政府不断加大投入力度来修建和维护农村体育活动场所、设施，从而使农民参与体育活动的需要得到满足。目前，我国除了一些体育先进县、乡（镇）的体育设施条件比较好以外，大部分农村依然严重缺乏公共体育设施，学校、企业只有一些简单的体育设施，而且也是非常陈旧的。要对农村体育设施的现状进行改善，主要是要依靠政府和群众的力量。

政府部门在体育物质文明与精神文明建设中，要注重开展体育设施建设工作，在议事日程中纳入这方面的问题，做好体育设施建设规划，提前预算并安排经费。此外，企业、社会团体及人民群众要发挥自己的作用来加强体育设施建设，为社会公益事业的发展做出自己的贡献。

在城镇发展的总体规划中，要纳入建设与完善农村体育设施方面的工作，只有体育设施等配套设施相对完善，才能为小城镇建设提供良好的基础环境，才能更好地开展农村体育活动。

另外，当前我国农村地区普遍存在体育设施建设速度滞后于农民对体育设施的需求问题，对此，必须加强对现有体育设施的利用，做到物尽其用。对地方传统特色项目的体育设施要优先建设，但不能盲目追求大而全，应以少而优为标准，使农村体育基地富有地方特色。

四、在新农村建设中推动“农民体育健身工程”的开展

农村体育在新农村建设中拥有了更多的发展机遇，获得了良好的发展条件，新农村建设给农村体育的发展注入了新鲜的血液。在新农村建设中，开展“农民体育健身工程”是一项非常重要的任务，也是推动新农村体育发展的重要载体和途径之一。所以，对于“农民体育健身工程”的开展，我们必须给予扶持与鼓励。

在开展“农民体育健身工程”过程中，应明确对象和目标、突出重点，该工程的主要实施对象是行政村，重点是建设村级公共体育场地，从而形成覆盖农村的体育服务体

系。同时，在推广与实施“农民体育健身工程”的过程中，要透明、公开，加强保障和监督，真正落实国家的投资；将部分监督权交给农民，使农民真正参与到“农民体育健身工程”的实施中，保障农民切身的权利和利益。

利用新农村建设推动“农民体育健身工程”的开展，具体可从以下五个方面来实施。

（一）培养农村体育骨干力量

农民健身意识不成熟是农村体育发展中面临的一个重大问题。大部分农民都想了解如何科学参与体育锻炼，如何提高体育健身效果，但因为农民基数大、人员分散、需求多元等，所以仅靠少数的乡镇体育专职人员对农村体育活动进行指导是无法满足农民需要的。这就需要大力培育农村体育骨干力量，发挥农村体育骨干队伍在农民体育健身活动中的指导作用。

对农村骨干力量的培养、培训可采取以下途径和措施。

1. 开设农村体育指导培训班

在农村，利用农闲时节，体育主管部门可开设农村体育指导员培训班，对农村体育骨干、体育指导员、体育积极分子等体育人才进行培养，使这些人才在农村体育活动中充分发挥自己的指导作用，使其对体育科学知识进行宣传，将体育技能传授给农民，对农民群众的科学锻炼给予正确的指导，对农民群众的体育消费进行合理引导。在农村体育骨干的培养中，要重点对其思想道德素质和业务能力进行培养。

2. 制定优惠政策

政府应注重对退役运动员的合理调配，对在基层组织中就业的高校体育教育专业大学生给予积极的引导和鼓励，使其在工作之余担任体育指导员角色，从事指导农民体育健身的工作，从而使农村体育指导员队伍不断充实与壮大。农村体育指导员队伍规模的壮大有助于推动农村体育规模化、网络化、科学化发展，可以促进农村体育人口的不断增加。

（二）积极开展体育竞赛活动，大力发展体育人口

体育竞赛可以有效带动农村体育的发展，对农村体育健身活动的开展具有积极的引导、指导及规范作用。经常开展特色体育赛事，可提高农村体育活力，提高农民参与体育的积极性。广泛开展农民喜闻乐见且与生产劳动、地域文化密切相关的体育活动，不但能够将农民参与体育活动的积极性调动起来，同时能够推动农村物质文明和精神文明建设，保持农村体育的生命力。

发展农村体育需要坚持以人为本的原则，即一切从农民的需要出发，促进农民全面发展，使农民的根本利益得到保障。在农村，要对农民的物质生活水平和精神生活需求给予充分的关注，不断提高广大农民的文化素质，改善其生活条件，充实其精神生活。

农村体育活动具有明显的娱乐性，而且参与人数多，这也是农村体育活动有较强参与性和广泛影响力的主要原因。即便如此，参加体育活动的农民在农村人口总数中所占的比例仍非常小，而且以青壮年人群居多，小孩、老人、妇女参与体育活动的情况比较少见，这就造成了农村体育人口少，多数是“看客”的现象。这不符合国家提出的全民健身运动方针。对此，各级政府及基层组织应加强对农村体育的宣传组织，将农村体育事业同农村科教文卫事业看得同等重要，大力开展农村体育工作，结合地方风俗、艺术、习惯等相关内容发展农村体育事业，加强农村体育文化与其他传统地方文化的融合，让健康的文化深入影响农民生活的各个方面。

（三）实施体质监测

我国农村体育事业在不断的摸索中前进与发展，要对发展实践成果进行检验，就要对科学的评估体系进行建立，从而促进农村体育体系的逐步完善。在科学评估中，主要是检查农民通过体育锻炼是否实现了身心健康、休闲娱乐的目的。一般采取体育主管部门评定、农民自评及二者相结合的方法进行评估，然后在分别评估的基础上进行综合评定。

实施体质监测需从以下三个方面展开。

（1）建立农民体质监测制度。

（2）加强监测工作人员培训。

（3）定期进行体质监测并将监测结果和信息发布出去，为政府和农民提供咨询服务。

（四）发展农村体育产业

发展农村体育产业，必须对当地的经济发展情况和农民的物质生活水平进行充分的考虑，具体从以下三个方面来推动农村体育产业的发展。

1. 因地制宜，开发特色体育项目产业

随着社会经济的发展，体育领域出现了新的发展趋向，越来越多的人在体育锻炼中喜欢向自然挑战，追求体育中的享乐。于是，野外体育项目被大量开发，野外体育产业蓬勃发展。农村自然性的健身场所非常广阔，而且大都具有天然特色，各地区可根据地形优势对滑沙、登山、攀岩、蹦极、漂流、冲浪、山野马拉松等农村体育健身项目进行开发，这不仅可以吸引城市居民与大自然的亲近，使更多的居民在体育活动中挑战自然、战胜自己，从中体验成就感与满足感，同时可增强农民体育健身意识与体育锻炼的积极性，可促进这些项目相应设施的建设与完善，促进农村体育产业的发展，带动农村经济增长，提高农民收入水平，增加农民体育消费。

2. 结合农业生产特点灵活发展农村体育

场地设施少、时间协调性差等是农村体育发展中面临的实际困难。所以，应从农村

的实际情况出发，利用节日开展形式多样的体育活动。将农民喜闻乐见的项目（舞龙舞狮、拔河、龙舟等）作为表演和比赛活动的主要内容，在软、硬件设施条件较好的乡镇加强对乒乓球、羽毛球等项目的推广，增加经费投入，加强对农村体育市场的培育与开发力度。

3．拉动体育相关产业的发展

在农村体育产业发展中，具有民族特色和地区特色的资源是重点开发的宝贵资源，对这些特色资源进行开发，形成特色项目与特色产业，可优化本地区的形象，提高本地区的知名度，从而吸引更多的消费者前来，这样特色体育产业的发展就有了市场。此外，对特色体育相关产业进行开发，还需将当地的人文条件、自然条件等充分利用起来，重点开发体育健身娱乐产业、体育旅游产业等以娱乐为主的体育产业。

（五）引导体育消费多元化

农村体育改革的前提是加快农民市民化进程，转变农民健身观念，使其陈旧落后的观念从根本上得到改变，这样才能开展其他改革工作。近年来，农村新型城镇化进程不断加快，农民进城务工提高了农民的社会地位和收入水平，改善了农民的经济状况，农民的生产生活方式也因此发生了相应的变化。同时，我国大力实施农业科技进步战略，提高了农业生产效率，也增加了农民的闲暇时间，这样农民在物质与文化生活中就具备了消费的财力和时间条件。随着我国城镇人口的不断增长，农民的心理状态、价值观也发生了一定的改变，农民的体育意识、体育价值观、健康观正在慢慢向城市居民靠拢。农民市民化后所产生的一系列积极效应有助于促进农村体育的普及和农村体育人口的增加。

要引导农民体育消费的多元化，需从以下三个方面进行。

1．积极宣传新体育、新生活和全民健身

充分利用电视、广播、报纸、杂志、互联网、宣传栏、讲座等新闻媒体进行宣传，使农民意识到思想道德素质、文化素质的提升都是以良好的身体素质为物质基础的；认识到在社会进步与人类文明程度的评估中，要将体育普及程度作为一个评价标准；认识到生命在于运动，运动要讲求科学、合理与安全，使农民树立正确的健康投资观和健身消费观。

2．促进农村体育服务业的发展

仅仅依靠国家的投入来推动农村体育服务业的发展是远远不够的，利用民间资本、对不同性质的健身服务业进行开发可补充和推动农村体育的发展，满足农民的体育需求。地方政府可制定优惠的土地政策、税收政策等，从而对农村健身服务业的发展给予鼓励和支持。政府还可以向体育相关企业提供人才、技术、信息等服务，降低企业的经营成本，提高企业的竞争力，从而将各种公益或低偿的健身娱乐体育服务提供给农民。

3．加强对农村体育信息服务市场的开发与管理

制定农村体育服务信息发布制度，向市场和农民提供准确信息，同时加强对各种从业资格和服务标准的规范和完善，为广大农民群众的体育健身提供更全面、质量更好的服务，为有关部门制定和实施相应政策提供可靠的信息和参考。

五、注重发展学校体育教育，利用学校场地设施开展健身活动

学校体育具有特殊的地位和作用，所以学校体育在农村体育发展中是非常重要的一环。基于此，应加强对学校体育的管理，注重学校体育工作的开展，按照相关标准大力建设农村中小学体育场地设施，加大资金投入力度，配备数量足、质量高的体育教师，推动体育课堂教学、课外体育活动的顺利开展。同时，要大力改革农村学校体育教学内容，除开设常规体育课程外。还可从农村的实际条件和特点出发开发一些具有地方风格的项目，并在学校体育教学中将这些特色项目融入其中。

随着科教兴国战略在我国的大力实施，我国农村学校的办学条件在不断优化与改善，软、硬件建设都得到了重视，这为学校体育教学的发展提供了基础保障。此外，近年来我国加强对农村民办教师的培训，严格落实资格认定和上岗制度，大大提高了农村师资水平，这对促进农村体育的发展具有非常重要的价值。

六、促进农村体育的平衡协调发展

我国农村体育发展不平衡主要指的是城市与农村的不平衡、区域之间的不平衡等，这主要是由我国城乡二元结构的长期存在和经济发展水平的差异所造成的。推动农村体育事业的平衡协调发展主要指的是各地区农村体育事业的发展总体上要保持一定的平衡。为了达到这一目的，在经济重心区要集中投入资金、技术等资源，以对各地区的发展起到支持和带动作用。

我们追求农村体育的平衡发展，并不是要注重某一方面而忽视另一方面，也不是按统一标准去发展各个方面，更不是让各方面都平分秋色。对于平衡协调发展这一问题，我们要辩证地去理解，讲求比例合理。我们应优先发展经济发达地区的新农村体育，然后带动欠发达地区农村体育的发展，欠发达地区再带动经济落后地区农村体育的发展，形成一个协同联动的辐射链，使发达地区新农村体育发展的内容、思想及模式对周边地区产生积极的影响和带动作用，进而促进各地区全面协调发展。

同时，党和政府要通过优惠政策来推动农村经济的发展，从政策上保护与鼓励农村贫困地区的发展，使地区间经济差距逐步缩小，进而缩小农村体育发展的地区差异。

最后需要注意的是，在发展农村体育事业的过程中，有关部门应注意以下几点：

第一，要立足农村实际来发展体育，不搞不切实际的追求。

第二，不能为了搞好农村体育而做劳民伤财的事，避免对农民体育锻炼的积极性造

成不良影响。

第三，借鉴城市体育发展模式时，不能简单效仿，而应在借鉴的基础上有所创新。

第四，避免重竞技成绩而轻大众体育的问题，否则会使农村体育的发展呈现畸形状态。

第五，政府不能包办所有的事，以免对群众参与体育的主动性造成影响。

参考文献

［1］ 马德浩．“村改居”社区公共体育服务治理模式研究［M］．上海：华东师范大学出版社，2021．

［2］ 孙锋．公共体育服务体系构建与运行研究［M］．长春：吉林人民出版社，2021．

［3］ 周东华．以需求为导向的湖北省农村公共体育服务供给策略研究［M］．天津：天津科学技术出版社，2021．

［4］ 崔雪梅，李婉铭．“城中村”的社会变迁［M］．北京：人民日报出版社，2018．

［5］ 乔超．贫瘠抑或兴起［M］．杭州：浙江大学出版社，2018．

［6］ 鲁丽，裴东景，杨蘅．多维视角下的农村体育研究［M］．北京：中国水利水电出版社，2019．

［7］ 卢文云，王兴宇，梁伟．新农村建设背景下西部农村体育发展研究［M］．成都：电子科技大学出版社，2012．

［8］ 翟元，杜长亮，刘志敏．农民体育健身工程与新农村体育发展［M］．南京：河海大学出版社，2014．

［9］ 谢劲．大型体育赛事与城市发展［M］．北京：中国商务出版社，2018．

［10］ 樊炳有．城市体育文化记忆研究［M］．苏州：苏州大学出版社，2017．

［11］ 王莉丽．老龄化背景下我国城市公共体育服务供给的反思与优化［M］．北京：北京体育大学出版社，2016．

［12］ 李浩．现代化进程中社会体育的发展及组织管理研究［M］．北京：九州出版社，2015．

［13］ 徐亚妮．体育产业与现代城市发展［M］．兰州：甘肃文化出版社，2011．

［14］ 刘林箭，张毅．新农村体育指导［M］．成都：四川大学出版社，2008．

［15］ 刘有志．新型城镇化背景下我国农村体育发展理论与实践［J］．中国果树，2021（3）：110–113．